REBECCA BENEDITTINI

CAHIER DE VACANCES

bien-être

mll

SOMMAIRE

PETITS BONHEURS D'INDE

1 LES MOTS DU YOGI

Retrouvez les mots préférés du yogi à l'aide des définitions ci-dessous.
Êtes-vous un vrai maître dans l'art du yoga ?

	I	II	III	IV	V	VI	VII	VIII	IX	X
1										
2							■			
3				■			■		■	
4		■						■		
5							■	■		
6				■	■		■		■	■
7							■			
8	■		■			■				
9		■		■						
10									■	

LE SAVIEZ-VOUS ?

Il existe différentes respirations pratiquées dans le yoga. Parmi elles, on peut trouver *Sama Vritti*, *Kapalabhati*, *Brahmari*, *Nadi Shodhana* ou encore *Bhastrika*.
Pour connaître certaines équivalences en français, résolvez les charades au fil de ces pages.

1• Voyage intérieur.
2• Positions sanskrites. Il peut venir du cœur.
3• Délice indien où la vache rit parfois. Outil de base du geek.
4• Sa tête est tantôt haute tantôt basse. Prix du silence.
5• Qui expriment la joie. La mienne.
6• Sa feuille emballe.
7• Contractas (les fessiers par exemple). Ceux d'Inde sont appelés maharadja.
8• Quatre saisons. Où regarde le chien avant de regarder de l'autre côté.
9• Sous l'eau.
10• Détente finale.

I• Formule en boucle. Le meilleur sur le tapis.
II• Agence spatiale européenne à la *british*. Terres ceintes.
III• Étoile parmi les rats. Caresse de Râ.
IV• Intérieur d'outre-Manche. Interjection pour dada. Divinité rayonnante.
V• Herbivore à trompe courte. Épice étoilée.
VI• Régimes stricts. Révolte de mineur.
VII• Début d'embarras.
VIII• Pas ailleurs. Énergie vitale universelle.
IX• Brillant et doublé dans cette grille. Son originel. Luth arabe.
X• Yoga du sommeil. Partie d'un tout.

2 À LA RECHERCHE DE SON SOUFFLE

Résolvez cette charade pour trouver le nom associé à l'un des principaux principaux *pranayamas*, ou souffles en français, et respirez d'un rythme tranquille.

Mon premier est une lettre dont le numéro est le cinquième premier.
Mon second est un bout d'hélice.
Mon troisième est un groupe pop nordique.
Mon quatrième est un demi célèbre canari.
Mon tout est la respiration du feu.

....

3 LES POSTURES YOGIQUES EMMÊLÉES

Trouvez les 30 mots suivants. Les lettres restantes nomment 3 postures de yoga célèbres, mais en sanskrit : le Grand écart, la Montagne et le Chien tête en bas. À vous de jouer.

Asana	Lune
Ayurvéda	Nadi
Balasana	Mala
Chakra	Mental
Chaturanga	Om
Doshas	Pincha
Énergie	Pitta
Esprit	Pranayama
Gratitude	Prière
Guru	Salutation
Inspiration	Soleil
Kali	Sutra
Kapha	Ujjayi
Kundalini	Vata
Lotus	Yoga

G	R	A	T	I	T	U	D	E	S	U	O	A
P	H	R	U	R	U	G	L	A	J	S	M	G
I	R	K	A	P	H	A	L	J	A	A	K	N
N	N	A	U	M	T	U	A	A	A	H	U	A
C	L	H	N	N	T	Y	G	E	N	S	N	R
H	I	C	E	A	I	O	N	A	S	O	D	U
A	E	M	T	A	Y	U	R	V	E	D	A	T
A	L	I	M	A	L	A	N	A	A	T	L	A
A	O	D	N	A	E	T	M	T	S	S	I	H
N	S	A	A	N	I	A	A	A	U	A	N	C
D	D	H	O	R	G	N	M	A	T	T	I	P
I	N	S	P	I	R	A	T	I	O	N	U	K
H	A	S	S	V	E	S	K	A	L	I	A	N
A	E	S	A	A	N	A	S	A	L	A	B	N
A	R	T	U	S	E	A	E	R	E	I	R	P

....

....

....

4 L'ACCORD PARFAIT

Découvrez ce que dit le professeur de yoga à ses élèves en reliant les débuts de phrase avec leur fin, et réalisez un cours complet.

1 • Assis en tailleur sur le tapis, prenez quelques minutes pour respirer profondément et...

2 • Debout à l'avant du tapis, commencez une salutation au soleil...

3 • Puis fléchissez le buste vers l'avant pour poser votre buste...

4 • *Chaturanga*, chien tête en haut, chien tête en bas, puis levez la jambe droite vers l'arrière...

5 • Posture après posture...

6 • Avant de terminer, laissons le corps et le cerveau digérer la pratique dans...

a. ... pieds joints, mains en prière devant la poitrine, inspirez en levant les bras.

b. ... avant de poser votre pied droit entre vos mains, *Anjaneyasana*.

c. ... posez votre *sankalpa*, votre intention pour la pratique.

d. ... restez conscient de vos placements, de vos activations musculaires, soignez votre souffle.

e. ... la posture du *Savasana* pour un instant de relaxation.

f. ... sur vos cuisses, *Uttanasana*, posture de la pince debout.

5 LA RESPIRATION MYSTÈRE

Résolvez cette charade pour coordonner votre souffle et rééquilibrer votre système nerveux.

Mon premier est du sodium classé.
Mon second est un plat britannique.
Mon troisième est tout de rimes chantées.
Mon quatrième s'exclame.
Mon cinquième est le début de mon tout.
Mon tout est la respiration alternée.

....

6 L'INDE SENS DESSUS DESSOUS

Remettez ces mots yogiques et ayurvédiques dans le bon sens.

1 • PIRETS ....
2 • RILEBIQUE ....
3 • NOSUTTALIA ....
4 • QUOSHITIEL ....
5 • CEPISE ....
6 • PIRULIASITTE ....

7 CHACUN CHERCHE SON YOGA

Eli, Sam et Madhil pratiquent tous les trois le yoga, mais pas le même type. Ils s'inscrivent chacun à un stage. Retrouvez leur discipline préférée entre Vinyasa, Yin yoga et Ashtanga, mais aussi la ville et le mois du stage.

1. Le stage de Yin yoga auquel assistera Madhil se tiendra le mois précédent le stage de Vinyasa, qui n'aura pas lieu dans la Ville lumière.
2. Sam déteste l'Ashtanga et ne se rendra pas dans la Cité phocéenne.
3. Le stage du mois de juillet ne sera pas dans la Capitale des Gaules.
4. Eli n'ira pas à Paris.

		Type de yoga			Ville			Mois		
		Vinyasa	Ashtanga	Yin yoga	Paris	Lyon	Marseille	Juin	Juillet	Août
Prénom	Eli									
	Sam									
	Madhil									

8 L'IN-POSTURE

3 vraies postures de yoga se trouvent parmi cette liste. Lesquelles ?

- Chien tête en l'air
- Lézard volant
- Pigeon sauté
- Namasthé citronné
- Chose sauvage
- Cadavre
- Arc-en-ciel
- Volcan

LE SAVIEZ-VOUS ?

Krishnamacharya (1888-1989) est considéré comme l'un des pères de l'expansion du yoga en occident. C'est lui qui a formé les célèbres professeurs B.K.S Iyengar, Pattabhi Jois ou encore Indra Devi. Alliant tradition et modernité, il réveille cette pratique qui sommeillait en Inde et lui confère une dimension aussi physique que spirituelle. La salutation au Soleil actuelle, par exemple, ressemble presque trait pour trait au Vinyasa krama de base que l'on utilisait dans son enseignement pour entrer dans n'importe quelle posture.

9 LE YOGIQUIZ

Êtes-vous un expert de l'histoire du yoga ? Essayez-vous à ce quiz, une seule bonne réponse par item.

1 · Quelle est la racine du mot sanskrit *yoga* ?

- **a.** Yog
- **b.** Goy
- **c.** Yuj
- **d.** Yajoga

2 · À qui attribue-t-on la paternité du yoga postural moderne ?

- **a.** Gandhi
- **b.** Bikram
- **c.** Krishnamacharya
- **d.** Iyengar

3 · Les 7 chakras principaux sont :

- **a.** Les yeux, le nez, la bouche, le cœur, les mains, le sexe, les voûtes plantaires.
- **b.** La couronne, le troisième œil, le nez, le diaphragme, l'utérus, le pubis, l'anus.
- **c.** La couronne, le troisième œil, la gorge, le cœur, le solaire, le sacré, la racine.
- **d.** Le troisième œil, la gorge, les épaules, le sternum, le bassin, les genoux, les chevilles.

4 · Que sont les bandhas et les nadis ?

- **a.** Des asanas yin et des asanas yang
- **b.** Des verrous et des canaux dans le corps
- **c.** Les pieds et les mains
- **d.** Des mantras

5 · Le yoga est initialement une pratique...

- **a.** Hindouiste
- **b.** D'union du corps et de l'esprit
- **c.** De libération des cycles de l'existence
- **d.** Réservée aux grands sportifs

10 LES ORIGINES DU YOGA

Certaines de ces affirmations sont erronées : lesquelles ?

	VRAI	FAUX
1 • Le yoga est une pratique exclusivement hindoue.		
2 • Le hatha yoga est très mal considéré en Inde au XIXe siècle.		
3 • La salutation au soleil est l'un des piliers du yoga ancestral.		
4 • Le terme « yoga » signifie en sanskrit autant « atteler » que « sortilège ».		
5 • La Bhagavad-Gita, l'un des écrits fondamentaux de l'hindouisme, a été utilisée pour justifier l'assassinat de Gandhi.		
6 • Le bodybuilding a contribué à modifier le yoga moderne.		

11 LES POSTURES PRESQUE IDENTIQUES

Trouvez les 7 différences entre ces deux images d'*asanas*.

12 LES MOTS PERDUS

Replacez les 8 mots ou groupes de mots à leurs bonne place dans le texte.

L'ayurvéda repose sur l'harmonie entre .... et l'esprit et offre de nombreux bienfaits comme la réduction du stress, l'élimination des toxines ou encore l'amélioration de .... sanguine. Cela se fait par le biais de massages, mais surtout en réadaptant ses habitudes grâce à .... de vie propre à chaque personne – alimentation, sommeil, interactions… – et à l'utilisation de formules de plantes et d'autres remèdes .... ciblés.
Science sœur du yoga, elle a été développée pour diagnostiquer .... dans le corps et dans l'esprit, qui finissent par se manifester sous forme de maladies, de malaises et d'autres symptômes. L'ayurvéda est avant tout une médecine ...., répertoriée par l'OMS comme étant un système de santé naturel, traditionnel et intégratif.
Dans la philosophie ayurvédique, quatre .... doivent être équilibrés pour conserver une bonne santé : les *doshas* (les énergies), l'*agni* (le feu), les *dhatus* (les tissus) et les *malas* (les déchets).
On distingue trois types de *doshas* – « ce qui est déséquilibré » en sanskrit : *vata* (le mouvement), *pitta* (la transformation) et *kapha* (la cohésion).
Lorsque les trois *doshas* sont ...., cela signifie que l'on est en bonne santé.

- LES DÉSÉQUILIBRES
- LA CIRCULATION
- ÉQUILIBRÉS
- NATURELS
- LE CORPS
- PRÉVENTIVE
- UNE HYGIÈNE
- ÉLÉMENTS

13 LE MÉLI-MÉLO REIKISTE

Trouvez les 26 mots suivants en rapport avec le reiki, une technique d'échange d'énergie entre le praticien et le patient qui se fait par les mains. Les lettres restantes nomment les trois piliers du reiki, en japonais : la méditation, l'intuition et le traitement.

N	I	O	S	H	A	R	M	O	N	I	E
G	A	N	O	I	T	I	S	O	P	P	A
E	T	N	E	T	E	D	I	S	A	E	P
C	N	E	U	T	S	T	P	R	F	R	R
O	E	S	Q	O	I	R	A	F	E	E	I
N	M	S	I	U	O	H	E	X	H	M	N
S	E	E	T	C	I	T	A	O	I	L	C
C	T	N	S	H	R	L	G	O	K	A	I
I	I	S	I	E	E	E	I	I	I	C	P
E	A	E	L	R	J	R	S	B	E	I	E
N	R	I	O	H	O	C	A	N	R	H	S
C	T	I	H	D	O	J	O	P	I	E	R
E	D	U	T	I	T	A	R	G	I	A	Y
K	I	O	F	I	T	A	T	I	D	E	M

Apposition
Calme
Conscience
Corps
Détente
Dojo
Effet
Équilibre
Gokaï
Gratitude
Hara
Harmonie
Holistique
Intuition
Ki
Mains
Méditatif
Paix
Principes
Reiki
Relaxer
Sensei
Soin
Thérapie
Toucher
Traitement

....

....

....

14 L'ÉNIGME SALÉE

Renaud, Cassius et Koko veulent essayer différents types de sels : le sel de Guérande, pour ses vertus de protection, le sel d'Epsom, pour ses capacités de purification, et le sel rose d'Himalaya, pour son pouvoir d'attraction.
Chacun prendra un bain agrémenté de l'un d'entre eux, et ils ont tous une baignoire personnelle, de style distinct. Retrouvez qui a expérimenté quel sel, quand et dans quelle baignoire.

1• Le bain en angle n'a pas la saveur de l'Himalaya et n'est pas pris le soir.
2• Le bain du dimanche midi n'a pas été savouré par Koko et ne contient pas de sel venant de l'ouest de la France.
3• Le bain au sel d'Epsom sera coulé samedi, mais il ne sera ni pour Koko ni pour Cassius.
4• Le sel dans la baignoire ronde n'est pas rose et celle-ci n'a pas été utilisée par Renaud.

		Baignoire			Type de sel			Moment		
		Ronde	D'angle	Sur pieds	Guérande	d'Epsom	Rose d'Himalaya	Samedi midi	Samedi soir	Dimanche midi
Prénom	Renaud									
	Koko									
	Cassius									

LE SAVIEZ-VOUS ?

Le *reiki* est une thérapie naturelle originaire du Japon, visant avant tout à équilibrer tout le corps. Il cherche à unir énergie et esprit pour lever les blocages qui entravent notre bien-être.

15 LE (BON) SENS DE LA FORMULE

Remettez les mots de ce proverbe japonais dans le bon sens.

même | L' | une | passe | qu' | en
chantant | pleurant | le | en | d'
espace | on | le | ou | est | vie

....

16 LE REIKIQUIZ

Testez vos connaissances sur le reiki en répondant à ces questions.

1 • Les piliers du reiki (gokaï) sont au nombre de...

- **a.** Sept
- **b.** Cent-huit
- **c.** Douze
- **d.** Trois
- **e.** Vingt et un

2 • Parmi eux, on trouve...
(plusieurs réponses possibles)

- **a.** La relaxation
- **b.** L'intuition
- **c.** La gratitude
- **d.** La générosité
- **e.** Le traitement
- **f.** Le jeûne

3 • Quels sont les principes fondamentaux du reiki parmi les suivants ? (Plusieurs réponses possibles)

- **a.** « Pas de colère »
- **b.** « Chercher le silence »
- **c.** « Du travail honnête »
- **d.** « L'harmonie du vivant »
- **e.** « Pas de souci »
- **f.** « Sois bon envers tous »
- **g.** "Stay cool, chill and relax"
- **h.** « Seulement pour aujourd'hui »
- **i.** "Hakuna matata"
- **j.** « De la gratitude »

4 • Les 21 points d'apposition des mains lors d'une séance de reiki sont...

- **a.** Les sept chakras principaux, que le praticien touche trois fois chacun.
- **b.** Les sept chakras principaux, les douze méridiens et les deux yeux.
- **c.** Les vertèbres lombaires, thoraciques et cervicales.
- **d.** Les chakras mineurs.

17 LE BAIN CODÉ

Pour réaliser un bain de protection, commencez par faire brûler de la sauge dans votre salle de bains en gardant la fenêtre ouverte. Dans votre eau, ajoutez une poignée de sel rose ainsi qu'une poignée de gros sel, de l'huile essentielle de lavande fine et, dans un pochon pour faire infuser, mettez du basilic, des clous de girofle et des pierres protectrices comme l'hématite. Puis prononcez la formule magique... à décrypter.

```
23 18 | 15 3 6 13 | 13 11 3 20 | 19 9 | 2(P) 20 11 8 18 24 8 6 11 25 | 7 18
12 18 13 | 9 25 24 18 8 20 18 13 . | 25 3 19 | 25 18 | 2 18 3 8 | 12 18
15 19 18 13 13 18 20 | 17 3 18 19 | 17 3 18 | 13 11 6 8 | 19 18 | 12 11 4 18 25
3 8 6 19 6 13 18 . | 2 9 20 | 24 18 | 15 9(A) 6 25 | 23 18 | 12 18
2 3 20 6 10 6 18 | 18 8 | 12 18 | 2 20 11 8 18 5 18 | 18 8 | 2 9 20
24 18 8 8(T) 18 | 10 11 20 12 3 19 18 , | 23 ' | 9 2 2 18 19 19 18 | 24 18 3 21
17 3 6 | 12 18 | 22 18 3 19 18 25 8 | 7 3 | 15 6 18 25 | 9 | 2 20(R) 18 25 7 20 18
13 11 6 25 | 7 18 | 12 11 6 .
```

18 LE RITUEL RETROUVÉ

Découvrez le nom de cette méthode de relaxation japonaise qui s'inspire de l'emmaillotage des nourrissons : le corps y est empaqueté dans un drap blanc, solidement noué en position du fœtus. En imitant l'environnement rassurant de l'utérus maternel, ce rituel permettrait de diminuer les tensions, de soulager les raideurs musculaires (par la possibilité de s'abandonner dans le tissu), et de corriger les problèmes de posture grâce au bercement du corps.

Mon premier est symbole d'oxygène.
Mon second est une pagode japonaise.
Mon troisième se trouve dans le gros sel.
Mon quatrième répété est une mère italienne.
Mon cinquième est un rouleau japonais à moitié entamé.
Mon tout est une technique de relaxation japonaise enveloppante.

....

19 LES SACRÉS CHAKRAS

En observant cette image, déduisez l'ordre et la place des 7 chakras majeurs ainsi que leur sens : intuition, volonté, expression, survie, spiritualité, plaisir, amour.

CHAKRA SACRÉ
....

CHAKRA DE LA GORGE
....

CHAKRA DU TROISIÈME ŒIL
....

CHAKRA RACINE
....

CHAKRA SOLAIRE
....

CHAKRA COURONNE
....

CHAKRA DU CŒUR
....

20 LE POUVOIR RELAXANT DU DESSIN

Pour faire apparaître le dessin, reliez les points dans l'ordre croissant des chiffres.
Arrêtez-vous lorsque vous rencontrez un point entouré, et repartez du bon pied à chaque étoile.

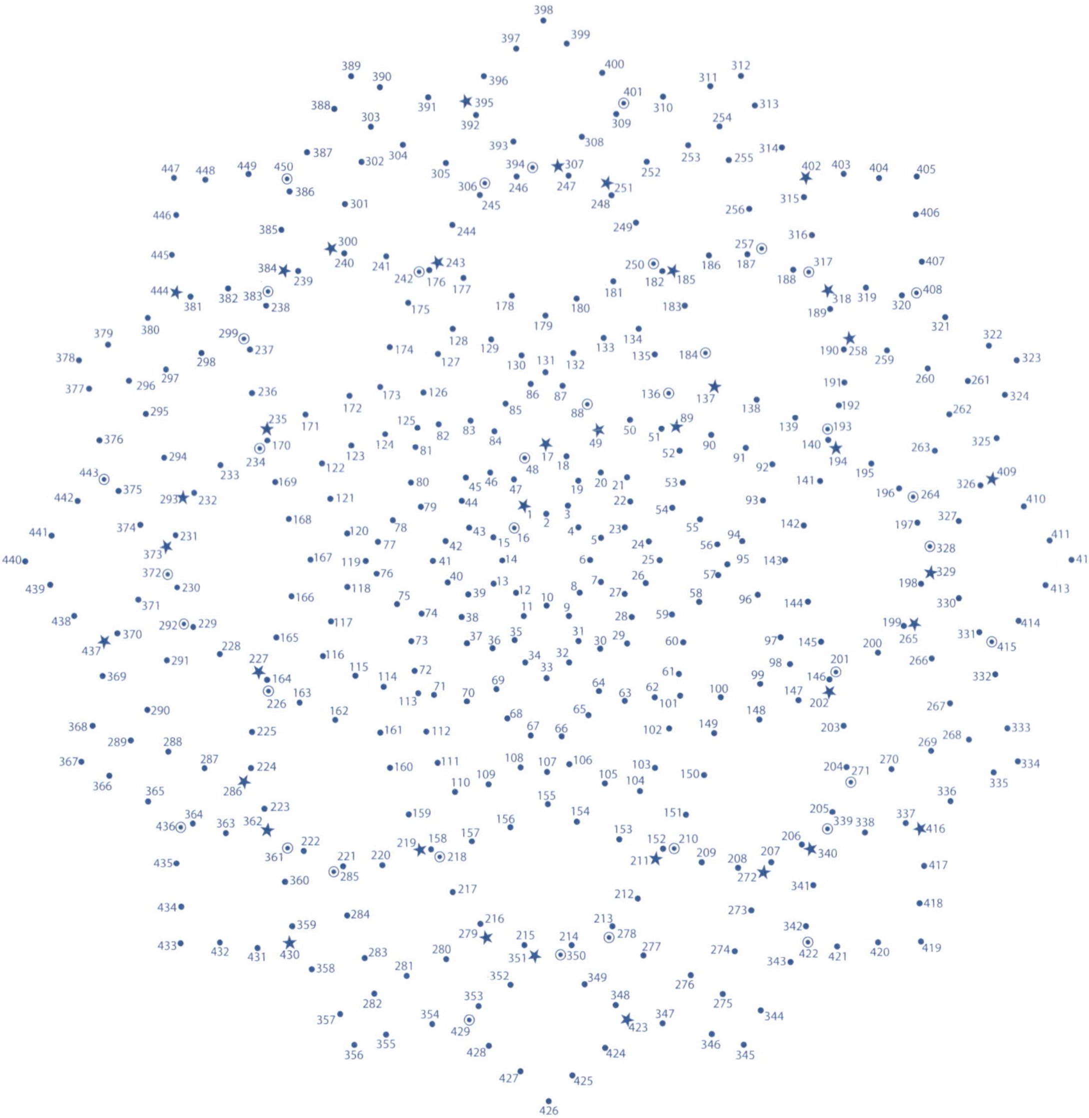

21 UNE VUE SUR LE MONT FUJI

Effectuez un pèlerinage zen et trouvez les 7 différences entre ces deux images du mont Fuji, le point culminant du Japon.

22 LES MOTS POUR ÊTRE ZEN

7 mots dans une roue, à lire dans le sens des aiguilles d'une montre, ont été privés d'une de leurs lettres. Les 7 lettres forment un mot. Lequel ?

....

....

....

....

....

....

....

PETITS BONHEURS DES PAYS NORDIQUES

23 LES RUNES À LA UNE

Testez vos connaissances sur l'alphabet runique.

1 • Combien y a-t-il de runes ?

- **a.** 24
- **b.** 24 initialement et une 25e ajoutée plus récemment
- **c.** 25 initialement dont une a disparu avec le temps
- **d.** Trois
- **e.** 26

2 • De quel peuple les runes étaient-elles l'alphabet ?

- **a.** Les Indiens d'Amérique
- **b.** Les Indiens d'Inde
- **c.** Les Bretons
- **d.** Les Gaulois
- **e.** Les Vikings
- **f.** Les Samouraïs

3 • Les runes permettaient d'écrire, mais aussi de... (plusieurs réponses possibles)

- **a.** Se protéger
- **b.** Payer certains achats
- **c.** Jeter des sorts
- **d.** Attirer la chance à soi
- **e.** Invoquer les dieux
- **f.** Jouer aux dominos
- **g.** Lire l'avenir

4 • Les six premières lettres de l'alphabet runique, autrement appelé Futhark, sont...

- **a.** *Fï, Uï, Thï, Aï, Rï et Kï*
- **b.** *Fu, Ut, Th, Ha, Ar et Rk*
- **c.** *Fehu, Uruz, Thuriaz, Ansuz, Raidho et Kenaz*
- **d.** *Felis, Uriel, Thual, Azel, Rozenn et Kelig*

5 • Les runes se divisent en catégories, lesquelles ?

- **a.** Les lettres, les chiffres et les signes
- **b.** Le monde matériel, l'extérieur, les leçons et le destin
- **c.** Le corps, l'âme et l'esprit
- **d.** Le passé, le présent et le futur
- **e.** Les consonnes et les voyelles

LE SAVIEZ-VOUS ?

Les runes viennent des pays nordiques et étaient utilisées pour écrire et pour de nombreuses choses d'ordre spirituel. Aujourd'hui, elles sont utilisées pour faire de la runomancie, afin de pratiquer guidance et voyance.

L'alphabet *Futhark* se décompose en trois grandes familles de huit lettres, ainsi que d'une rune sans symbole :

- **Le groupe Fehu :** les huit premières runes se rapportent au monde matériel et terrestre, au cocon familial, à la maison.
- **Le groupe Hagalaz :** les huit runes suivantes nous forcent à explorer l'extérieur, et à expérimenter la vie et les forces de la nature.
- **Le groupe Tiwaz :** les huit dernières runes nous apprennent une leçon qui nous emmène sur le chemin de la vie si l'on en tire les bons enseignements.
- **Wyrd :** l'unique rune sans symbole représente le chemin final vers lequel toutes les runes veulent nous emmener, le destin.

24 LE NIKSEN CROISÉ

Le niksen, quèsaco ? C'est tout simplement l'art de ne rien faire aux Pays-Bas. Alors posez-vous, ne faites plus rien… sauf, peut-être, ces mots croisés !

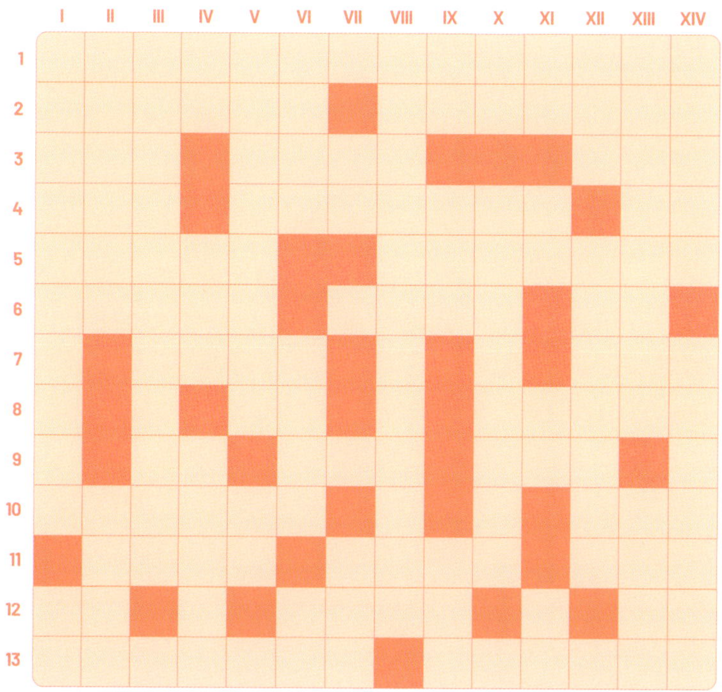

1 • Allègeras le présent en chargeant l'avenir.

2 • Argentées. Doté d'une capitale s'il est uni.

3 • Pilier de bibliothèque. C'est de lui que proviennent les graines. Son primordial.

4 • Fin de phénomène. Elle est régulièrement sondée. Largeur de couturier.

5 • Créent la priorité. Calmes.

6 • Teinte à l'ancienne. Calvin et Hobbes, Bonnie et Clyde… Aiguille les voyageurs.

7 • Problème de physique pour collégien. Brèves vacances socialistes.

8 • Petite inspection postérieure. On y tombe évanoui.

9 • Marque d'étonnement. Pro des tympans. Le temps (et certains volumes) s'y dilate.

10 • Réveillent le palais. Abréviation universitaire.

11 • Fit tourner les pales. Ravie. Début de la ruine.

12 • Quatrième art dans le septième. Tout en négatif. Peut être vers ou droit.

13 • Résistance au changement. Chante tel un oiseau.

I • Rétive à l'action. Partenaire de tout genre.

II • Respirant la gaîté. Il a une belle roue.

III • Médecine douce ou pseudoscience, c'est selon…

IV • Anciens élus de bureau. Nez de Cyrano. Jaunir.

V • Qui détend. Un petit trillion d'ampères.

VI • Urgence anglo-saxonne. Dieu grec de l'amour. Gloussé.

VII • Mi-miction. Alarme sur pattes.

VIII • Antistress.

IX • Maîtresse du dieu suprême. Verlan affirmatif. Selon Bourdieu, l'élite s'y reproduit.

X • Grosse pomme en petit. Base du niksen.

XI • Entre autres condensé. Demi-lune. Arobase anglaise. Initiales d'une compagnie aérienne française.

XII • Cabra à reculons. Atonie.

XIII • Gri-gri. Combustible britannique.

XIV • Mis à distance. Moitié d'empereur.

25 LE SAUNA MÊLÉ

Le sauna est une pratique traditionnelle dans les pays scandinaves. C'est un moment familial et social pratiqué depuis des centaines d'années. Trouvez les 30 mots suivants en rapport avec le sauna. Les lettres restantes forment un vieux proverbe finlandais (en français) sur le sujet.

Activer
Bain
Banc
Bois
Cabane
Chaleur
Détente
Eaux
Étuve
Froid
Hammam
Hygiène
Immersion
Jacuzzi
Massage
Nudité
Peau
Piscine
Sain
Salle
Seau
Sèche
Serviette
Spa
Suée
Temazcal
Thermes
Transpiration
Vapeur
Zone

C	N	A	B	O	I	S	S	E	M	R	E	H	T
D	E	A	A	B	A	O	V	R	D	C	O	R	N
A	H	T	I	I	S	U	E	T	R	E	A	U	X
U	C	I	N	S	T	N	T	O	N	N	S	A	U
I	E	T	T	E	I	V	R	E	S	A	L	L	E
M	S	N	I	C	T	V	A	P	E	U	R	J	A
M	E	E	S	V	T	E	I	E	M	E	A	D	R
E	A	I	A	P	E	R	D	A	N	C	S	I	U
R	P	S	U	U	A	R	M	U	U	I	T	O	E
S	E	T	S	T	E	M	A	Z	C	A	L	R	L
I	A	M	I	A	A	A	Z	O	N	E	I	F	A
O	S	O	O	H	G	I	E	N	E	I	G	Y	H
N	N	U	D	I	T	E	N	E	N	A	B	A	C

....

....

26 MATHS ET LUX

Une journée d'hiver en France dure en moyenne 9 heures, et la luminosité de cette saison est d'une puissance moyenne de 4 000 lux. Carole, qui travaille en extérieur du lever du jour au coucher de soleil, sait que la lumière est indispensable au bien être. Elle compense donc chaque minute de soleil «perdue» par une séance de luminothérapie le lendemain. Dimanche, elle a passé la journée dehors avec ses enfants. Lundi, elle a eu une formation d'une heure, en intérieur. Mardi, elle a travaillé normalement toute la journée. Mercredi, son cours de *yoga* de midi, en studio fermé, a duré une heure et quart. Jeudi, elle a déjeuné rapidement devant le dernier épisode de sa série, qui durait quarante minutes. Vendredi, elle avait rendez-vous chez son hypnothérapeute pour une séance de deux heures. Samedi, elle était dehors le matin et au cinéma l'après-midi, où elle a passé une heure trente.

Déterminez la durée de sa séance de luminothérapie quotidienne, si elle est nécessaire.

À la fin de la semaine, Carole aura-t-elle réussi à compenser parfaitement ses moments sans soleil ? Si non, combien de minutes lui manque-t-il ?

....

....

....

....

27 ET LA LUMIÈRE FUT

La lumière est essentielle au bon fonctionnement de notre organisme. Résolvez ces mots croisés sur le thème de la luminothérapie.

1• Élément nécessaire à la bonne humeur.
2• Substances organiques.
3• Chef d'orchestre névralgique.
4• On le jette pour voir.
5• Élément de luminothérapie.
6• Bourdon de saison.
7• Elles sortent des glandes.
8• Notre étoile à tous.

I• L'une des hormones du bonheur.
II• Saison aux jours de plus en plus longs.
III• Elle nous rappelle le temps qui passe.
IV• Il peut être paradoxal.
V• On veut parfois, à tort, tirer sur celui qui l'apporte.
VI• La D est stimulée par les UV-B.
VII• On l'a dans la peau… ou pas !

28 LES MOTS DE LA DIVINATION

Pour aller plus loin avec les runes et en savoir plus, replacez les 10 mots ou groupes de mots à leurs bonnes places dans le texte.

Le mot rune signifie mystère ou secret en vieux .... Les runes sont un outil très puissant qui, à l'image des valeureux guerriers ...., n'épargnent pas celui qui les interroge. Elles nous forcent à nous écouter et à trouver .... en nous pour changer ce qui nous bloque dans la vie – un support très intéressant pour ....
Elles ne proposent pas une version précise de ...., car celui-ci ne dépend que des personnes elles-mêmes, mais apportent un point de vue externe à une situation ou une problématique afin de pouvoir en tirer ....
Ce qui est important avec les runes, c'est .... que vous mettez lorsque vous vous connectez avec elles. Choisissez-les selon ce qui vous attire le plus : .... (quartz, obsidienne, améthyste, lapis-lazuli, pierre de lune, agate…), bois (cèdre, bouleau, chêne, hêtre…), résine (colorées, transparentes avec fleurs, paillettes, coquillages…).
Au calme, allumez .... et de l'encens puis appelez vos runes une à une en les plaçant au sol tout autour de vous. Une fois les .... runes disposées en cercle, remerciez Odin de vous donner accès à son savoir sur les runes. Puis posez la question de votre choix, et lancez les runes pour observer celles qui atterrissent face visible.
Ce sont vos réponses selon les runes.

- LES GUIDANCES
- L'INTENTION
- UNE BOUGIE
- NORROIS
- LE MEILLEUR
- LES RESSOURCES
- VINGT-CINQ
- VIKINGS
- PIERRE
- L'AVENIR

29 LES TROIS RUNES

Inscrivez les runes *Fehu*, *Hagalaz* et *Tiwaz* sur chaque galet vierge de sorte que deux galets qui se touchent n'aient jamais la même rune.

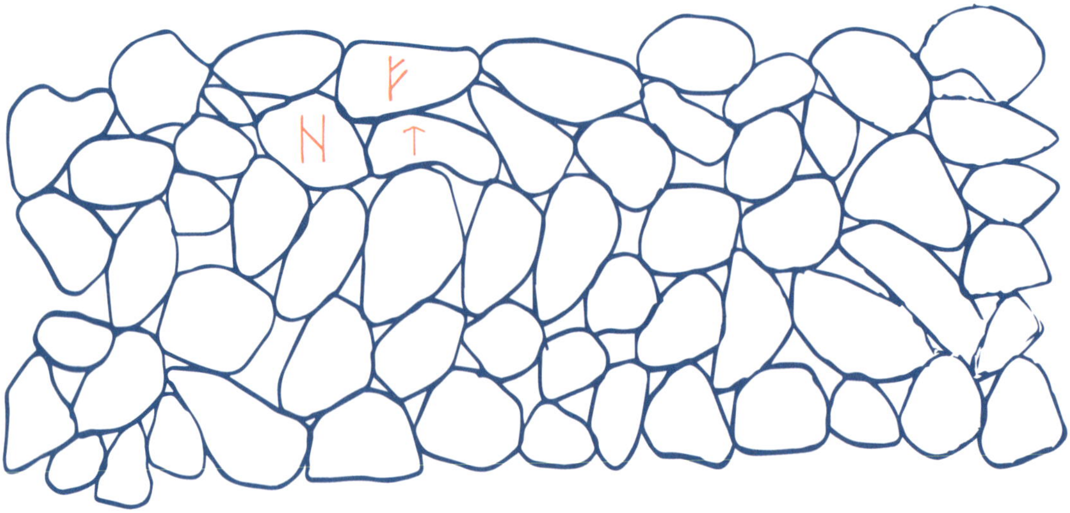

30 LE PAYS LE PLUS HEUREUX DU MONDE

Les pays nordiques sont en bonne place dans le classement des populations les plus heureuses. Retrouvez le deuxième sur la liste à l'aide de ce rébus, et rendez-vous au jeu 33 pour découvrir le premier.

31 L'AMOUR DU SOLEIL

Remettez les mots de ce proverbe lumineux en ordre :

sans me La loi je lumière soleil est ma tais

....

32 LA CHASSE AU BONHEUR

La Finlande est considérée comme le pays où les habitants sont les plus heureux au monde. Répondez à ce vrai ou faux pour en découvrir plus sur leur vision du bonheur.

VRAI FAUX

1 • Le mode de vie des Finlandais qui leur procure tant de bonheur s'appelle le *sisu*.

2 • Lorsqu'il fait froid, le meilleur moyen de combattre la morosité est de rester au chaud.

3 • Le mot désignant leur mode de vie signifie « l'art de mettre ses soucis dans un coin quand l'hiver vient ».

4 • La résilience est l'un des premiers principes du peuple.

5 • En Finlande, même les enfants vont au sauna.

6 • Les bains chauds sont très prisés le matin.

33 ASSOCIATION DE BIENFAITEURS

Plongez dans l'univers des rituels de bien-être des pays nordiques en les reliant à leur définition.

1 • Le rituel du sauna

2 • Le *Fika*

3 • Le *Lagom*

4 • Le *Hygge*

5 • Le *Vasta*

6 • Le *Friluftsliv*

7 • Le *Smultronställe*

a. Venu de Finlande, le brossage à sec permet de stimuler la circulation sanguine et lymphatique, de débarrasser la peau des cellules mortes et le corps des toxines.

b. Un endroit où l'on se sent parfaitement bien et où l'on ne sera pas dérangé. C'est un jardin secret à la suédoise, un lieu refuge dans lequel aller en cas de stress ou de simple besoin de se reposer et de déconnecter.

c. Il s'agit d'alterner entre la chaleur sèche d'une cabane fermée et des bains d'eau froide pour favoriser la transpiration, stimuler la circulation sanguine et relâcher les tensions musculaires.

d. Un moment que l'on passe tranquillement installé avec ses collègues, en buvant un café (ou toute autre boisson, chaude ou froide) et en dégustant une légère collation.

e. Passer du temps dans la nature, selon les Norvégiens, qu'il pleuve, qu'il vente ou qu'il neige, pour faire le plein d'air frais et de vitamine D, de bonne humeur et de bien-être, surtout pendant l'hiver où les jours sont beaucoup plus courts.

f. La détente à la danoise : une atmosphère calme et accueillante, un environnement confortable et chaleureux, où on profite de l'instant présent en toute décontraction.

g. Un mode de vie suédois dont le but est l'équilibre : simplicité, modération et naturel, loin des excès de la vie moderne.

34 LE VRAI OU FAUX DE LA NATUROPATHIE

À l'aide de ce vrai ou faux, découvrez les principes de cette pratique de soins née aux États-Unis à la fin du XIXe siècle.

	VRAI	FAUX
1 • Plus les produits alimentaires sont raffinés, mieux c'est.		
2 • Il faut consommer des protéines quotidiennement, végétales ou animales.		
3 • Prendre le temps de mastiquer allège le travail du système digestif.		
4 • Les huiles riches en oméga-6 et 9 sont particulièrement à éviter.		
5 • Un verre d'orange pressée contient moins de sucre qu'un verre de soda.		
6 • La marche est vertueuse.		
7 • Une détox est particulièrement recommandée quand on est en mauvaise santé.		
8 • Plus on boit de l'eau, plus on risque d'être sujet à la rétention d'eau.		

35 QUELQUES (ANA-)GRAMMES DE NEW AGE

À partir de ces anagrammes, retrouvez les mots en rapport avec ce courant spirituel occidental qui prône la transformation des individus par l'éveil spirituel.

1 • PISTER ....

2 • IMAGE ....

3 • MELANT ....

4 • RECROISE ....

5 • LIPARIS ....

6 • BEIONS ....

7 • ETERNISE ....

LE SAVIEZ-VOUS ?

La loi de l'attraction, vantée dans *Le Secret*, de Rhonda Byrnes, affirme qu'on attire ce que l'on pense. Pour qu'elle fonctionne, il faut se rendre réceptif aux vibrations, aux signes, et émettre soi-même des ondes claires. Il ne s'agit pas de rester assis à attendre que ses rêves se réalisent par la simple force de la croyance, mais de se mettre dans un état d'esprit qui permet aux événements positifs de se réaliser. Et pour cela, il faut agir.

36 LES MOTS DE L'ATTRACTION

Trouvez les 20 mots suivants en rapport avec la loi de l'attraction. Les lettres restantes forment la pensée positive du jour.

A	U	O	B	J	E	C	T	I	F	H	J
E	V	E	R	O	E	N	G	I	S	A	E
O	I	N	T	U	I	T	I	O	N	B	C
E	R	U	T	R	E	V	U	O	U	I	N
D	I	V	I	N	A	T	I	O	N	T	A
I	T	R	R	A	D	T	M	H	U	U	Y
U	U	E	I	L	C	C	A	E	S	D	O
G	E	S	T	A	P	H	G	O	O	E	R
S	L	O	R	E	T	C	E	N	N	O	C
F	I	T	I	S	O	P	S	M	I	D	B
L	T	N	O	I	T	A	R	B	I	V	E
A	F	F	I	R	M	A	T	I	O	N	E

Affirmation
Attraction
Chemin
Connecter
Croyance
Divination
Guide
Habitude
Image
Intuition
Journal
Objectif
Onde
Oser
Ouverture
Positif
Rêve
Rituel
Signe
Vibration

37 LE PRINCIPE AU GOUTTE-À-GOUTTE

Laissez tomber chaque lettre verticalement pour écrire cette citation d'Anthony Robbins, auteur et coach en développement personnel. Les cases plus foncées ne comportent pas de lettre.

I	R	N	Y	O	F	I	S	N	E	D	F	C	R	C	Q	U	H	P	M	E	V	N	T	Q	R	I	
D	I	E	N	S	A	H	A	T	L	I	B	O	T	R	E	E	I	U	E	R	A	I	I	U	U	E	,
U	N	S	I	F	C	O	U	M	U	R	E	S	R	E	E		E	N	R	A	M	E	E	T	D	E	
T	A	A	S		O		R	Q	E	E		E	H	R	E		N		T	E	I	E			E		
V	L				N		E					E	I	A					R	E	R	L					

		■		■		■				■						■											■
				■							■					■							■				,
			■					■								,	■							■			■
											■							■					,	■	■	■	■
						■			■						■			■								.	■

38 ATTIRER DE BONNES CHOSES

Aidez cette jeune femme à attirer du positif en lui permettant d'être en accord avec elle-même. Cherchez les 7 différences entre les deux images.

39 DES JEÛNES ET DES MOINS JEÛNES

Remettez ces différents types de jeûnes en face de leur définition.

1 • Le jeûne hydrique ●
2 • Le jeûne alterné ●
3 • L'OMAD ●
4 • Le jeûne sec ●
5 • Le jeûne intermittent ●
6 • Le jeûne modifié ●
7 • Le jeûne long ●
8 • Le jeûne spirituel ●
9 • La monodiète ●

● **a.** On ne mange qu'un repas par jour, quotidiennement ou non.
● **b.** On ne consomme rien, pas même de l'eau, sur une période… pas trop longue !
● **c.** On y jeûne au moins cinq jours.
● **d.** On n'y mange qu'un seul aliment par repas, sur un ou plusieurs repas d'affilée.
● **e.** On ne consomme absolument rien sur une période donnée si ce n'est de l'eau de bonne qualité.
● **f.** C'est l'une des traditions partagées par les trois grandes religions monothéistes, et d'autres spiritualités. On s'y nourrit de prières et de méditation.
● **g.** On jeûne certains jours, on mange à satiété les autres jours.
● **h.** On y mange normalement, sauf certains jours où les repas sont beaucoup plus légers.
● **i.** On ne mange que sur une plage horaire réduite, par exemple uniquement entre 8 heures et 16 heures.

40 L'ULTIME CONSEIL AMÉRICAIN

Il existe quelque chose d'essentiel pour le bien-être.
Essayez de retrouver ce que c'est avec cette charade.

Mon premier est l'outil du guerrier.
Mon deuxième est l'un des 4 éléments.
Mon dernier est ce que l'on fait lorsque l'on refuse d'admettre.
Mon tout est l'équilibre, la paix et la clarté qu'il faut cultiver pour s'épanouir.

....

41 ATTIRER LES RÉPONSES

Avec la loi de l'attraction, tout ce que l'on souhaite vient à nous si on le demande correctement.
Répondez à ces questions pour trouver comment exposer son intention.

1 • 3 actions sont indispensables pour activer la loi de l'attraction. Lesquelles ?

- **a.** Visualiser, espérer, prier
- **b.** Demander, visualiser, recevoir
- **c.** Recevoir, remercier, profiter
- **d.** Implorer, supplier, exiger

2 • Si l'on ne voit pas arriver ce que l'on espère, que faut-il faire ?

- **a.** Être indulgent avec soi-même
- **b.** Insulter l'univers
- **c.** Remettre en question le bien fondé de notre demande
- **d.** S'accuser et se critiquer

3 • Quel est le meilleur moyen de voir arriver à coup sûr ce que l'on souhaite ?

- **a.** Méditer
- **b.** Faire brûler un cierge
- **c.** Compter sur les autres
- **d.** Transformer le négatif en affirmations

4 • La formulation compte-t-elle pour beaucoup dans la loi de l'attraction ?

- **a.** Oui, il faut toujours émettre une phrase positive
- **b.** Oui, il ne faut pas oublier les formules de politesse
- **c.** Non, ce qui compte c'est juste la volonté
- **d.** Non, mais ça peut aider

42 L'ARBRE À ENCENS

Trouvez les 14 mots définis ci-dessous et découvrez le nom de l'encensier véritable, dont la résine est récoltée depuis des millénaires.

1• Il cache parfois la forêt.
2• L'Afrique en a une, à l'est.
3• Pétrissage à l'huile.
4• Langue sénégalaise.
5• Il roussit ce qu'il touche.
6• Massif du nord de l'Afrique.
7• Elle coule des olives tunisiennes.
8• Nectar d'abeilles.
9• Son huile est produite depuis des siècles par des femmes berbères soussies au Maroc.
10• Base de l'encens.
11• Vapeur orientale.
12• Brûlé il embaume.
13• Beurre idéal pour la peau.
14• Géant de la savane.

LE SAVIEZ-VOUS ?

Le mot « encens » provient du latin *incendere* qui signifie brûler, consumer. Il est souvent associé au mot « parfum » d'origine latine, *per fumum*, c'est-à-dire « à travers la fumée ». Au fil des siècles, l'encens a été utilisé de bien des façons. Dans les rites religieux tout d'abord, et ce pendant des millénaires, puis dans la médecine ayurvédique et les rites méditatifs bouddhistes, avant de devenir, en Europe, le symbole du mouvement hippie des années 1970.

LE SAVIEZ-VOUS ?

Technique issue du massage traditionnel africain que la mère prodigue à son enfant une semaine après sa naissance, le *digui* est un art ancestral du Mali et du nord de la Côte d'Ivoire.
Ce massage hydrate la peau grâce au beurre de karité, et sa vitamine E assouplit les articulations et décontracte les muscles du dos.

43 LES DESSOUS DE L'ENCENS

Retrouvez toute l'histoire de l'encens en résolvant ce quizz.

1 • Les premières traces de l'encens remontent à...

- **a.** 100 000 ans avant notre ère
- **b.** 6000 ans avant nous
- **c.** L'an 0
- **d.** La moitié du VIIIe siècle

2 • L'être humain peut distinguer, répertorier et mémoriser...

- **a.** Jusqu'à 1 000 odeurs différentes
- **b.** Exactement 5 836 odeurs différentes
- **c.** Autour de 10 000 odeurs différentes
- **d.** Entre 22 000 et 36 000 odeurs différentes

3 • Le *kyphi*, encens sacré, comporte...

- **a.** Trois espèces de substances : miel, myrrhe et cardamome
- **b.** Dix espèces de substances : miel, vin, résine, myrrhe, asphalte, patience, grand genièvre, petit genièvre, cardamome et calame
- **c.** Seize espèces de substances : miel, vin, raisins secs, souchet, résine, myrrhe, aspalathe, séséli, lentisque, asphalte, jusquiame, patience, grand genièvre, petit genièvre, cardamome et calame
- **d.** Vingt et une espèces de substances : miel, vin, ortie, raisins secs, souchet, résine, myrrhe, aspalathe, musc, séséli, lentisque, asphalte, bois de santal, jusquiame, patience, ambre, grand genièvre, petit genièvre, clous de girofle, cardamome et calame

4 • Les arômes dégagés par l'encens permettent de... (plusieurs réponses possibles)

- **a.** Favoriser le sommeil
- **b.** Augmenter le taux de sérotonine
- **c.** Fluidifier le sang
- **d.** Améliorer la digestion
- **e.** Réveiller l'appétit
- **f.** Atteindre le septième ciel
- **g.** Réduire le stress et l'anxiété
- **h.** Favoriser la méditation
- **i.** Gagner en souplesse
- **j.** Encourager la créativité et la concentration

5 • La résine de l'encensier s'appelle (plusieurs réponses possibles)...

- **a.** La sativa
- **b.** L'encensia
- **c.** Le frankincense
- **d.** L'amaranthus
- **e.** L'oliban
- **f.** L'odorifium
- **g** Le kyphi

44 L'ÉNIGME DE LA BEAUTÉ

Marie, Inaya, Saraï et Kayla proposent chacune un soin différent pour la peau dans un centre de beauté partagé. Retrouvez qui procure quel soin et depuis combien de temps.

1 • Celle qui travaille dans le centre depuis 5 mois n'utilise pas de kaolin.

2 • L'experte arrivée il y a 10 mois ne jure que par l'huile de baobab. Ça n'est ni Marie ni Kayla.

3 • Inaya est arrivée après Kayla, mais avant celle qui vante les vertus du karité.

		Soin				Ancienneté			
		Karité	Kaolin	Écorce de marula	Huile de baobab	2 mois	5 mois	7 mois	10 mois
Prénom	Marie								
	Inaya								
	Saraï								
	Kayla								

LE SAVIEZ-VOUS ?

En Afrique, le rituel connu sous le nom Sabi Sabi permet de se relaxer en profondeur. Il est composé d'un gommage aux graines de baobab qui libère la peau des impuretés et des cellules mortes et d'un enveloppement. Pendant celui-ci, vous effectuerez une sieste recouvert d'huiles essentielles, de beurre de karité et de cire d'abeille.

45 LES INGRÉDIENTS DU HAMMAM

Remettez ces différents produits utilisés lors de ce bain de vapeur en face de leur définition.

1 • L'huile d'argan

2 • Le savon noir

3 • Le ghassoul

4 • L'eau florale

5 • Le henné

a. Issu d'un arbuste épineux de la famille des lythracées, il est très utilisé dans différents cérémonials. Au fil des siècles, il est devenu un élément essentiel de la vie des femmes marocaines et souligne souvent leur féminité. Il est associé à de nombreuses légendes et croyances populaires vantant son pouvoir de protection contre les maladies, le mauvais œil, les mauvais esprits.

b. Son nom arabe signifie « se laver ». On mélange en général cette argile à une eau florale pour l'appliquer en masque sur le corps, le visage ou les cheveux. Elle est aussi parfaite en gommage ou en savon.

c. Fabriqué à partir d'huile d'olive laissée en macération dans du sel et de la potasse, riche en vitamine E, il hydrate la peau préalablement humidifiée et la prépare au gommage depuis des millénaires.

d. Ses bienfaits sont reconnus depuis des siècles et on l'obtient par extraction de l'huile essentielle des plantes. Celle de rose est un excellent régénérant pour la peau aux vertus anti-âge, tonifiantes, raffermissantes et apaisantes, quand celle de fleur d'oranger apaise et adoucit la peau.

e. Elle est utilisée depuis des siècles par les femmes berbères pour ses propriétés culinaires et cosmétiques. Issue d'un arbre principalement présent dans le sud-ouest du Maroc, de couleur ambre, riche en vitamine E, en antioxydants et hydratante, elle agrémente souvent les massages.

46 LA DOUCEUR DE LA BEAUTÉ

Résolvez cette charade pour deviner le nom d'un produit originaire du berceau de l'humanité.

Mon premier est un oiseau anglais.
Mon second est à la fin d'année.
Mon troisième est une conjonction de coordination.
Mon quatrième est un tube.
Mon cinquième se saute en visant l'or.
Mon tout est une spécialité d'Afrique de l'Ouest.

....

47 LES MÉANDRES DE LA SABLOTHÉRAPIE

L'Égypte est réputée comme le pays du bien-être. Alors qu'elle était en voyage pour bénéficier des bienfaits des sables du désert, Anaëlle s'est perdue, aidez-là à sortir du labyrinthe.

LE SAVIEZ-VOUS ?

La sablothérapie correspond au soin que l'on effectue en s'enfouissant dans le sable chaud et en ne laissant dépasser que la tête. Pratiquée en Égypte, cette méthode soulage les douleurs articulaires et élimine graisses et toxines.

48 LA SAGESSE DES ANCIENS

Les populations africaines sont pleines de sagesse. Décryptez ce proverbe africain pour vous en imprégner.

11 5 / 19 17 2 / 12 5 / 3 21 [O] 2 1 5 / 18 21 8 6 24 5 , / 12 5

3 21 2 [T] 1 5 / 20 17 5 2 5 / 5 9 2 / 12 5 / 23 6 1 18 5 3 4 1

6 / 23 5 1 15 5 1 / 11 5 / 10 8 9 2 5 1 [R] 5 / 12 5 9

15 14 21 9 5 9 / 12 5 / 11 [L] 6 / 18 4 5 .

49 LE RÉBUS PARFUMÉ

Découvrez le nom de la résine extraite par incision de l'écorce de l'arbre à encens.

PETITS BONHEURS D'AMÉRIQUE DU SUD

50 LES BIENFAITS DES ANCÊTRES

Résolvez cette charade pour deviner le nom de cette spécialité amazonienne.

Mon premier indique une douleur.
Mon second indique un étonnement.
Mon troisième est l'inverse d'acclama.
Mon quatrième est un style de musique jamaïcain.
Mon tout est une décoction puissante qui peut amener très très très loin.

....

51 LE VRAI OU FAUX DE LA FUMIGATION

À l'aide de ce vrai ou faux, plongez dans le rituel du *smudging*.

	VRAI	FAUX
1 • La purification se pratique uniquement à des fins médicinales.	☐	☐
2 • Les colons ont mené un combat très répressif contre cette tradition.	☐	☐
3 • Les herbes sont brûlées dans une coquille d'huître.	☐	☐
4 • Lors de la cérémonie de smudging, le coquillage symbolise l'eau, l'allumette qui embrase symbolise le feu, les herbes et les cendres symbolisent la terre et la fumée symbolise l'esprit.	☐	☐
5 • C'est un chaman, aussi appelé « El hanpeq » chez les Incas, qui conduit les cérémonies de purification.	☐	☐
6 • Chez les Mayas, la fumée faisait le lien entre le réel et l'irréel et était la voie par laquelle voyageaient les offrandes faites aux dieux.	☐	☐
7 • Les deux bois les plus utilisés lors des purifications sud-américaines sont le palo alto et le santal.	☐	☐

52 LE SMUDGING SUR LA GRILLE

Retrouvez les mots de l'art de la fumigation, entre autres, à l'aide des définitions ci-dessous.

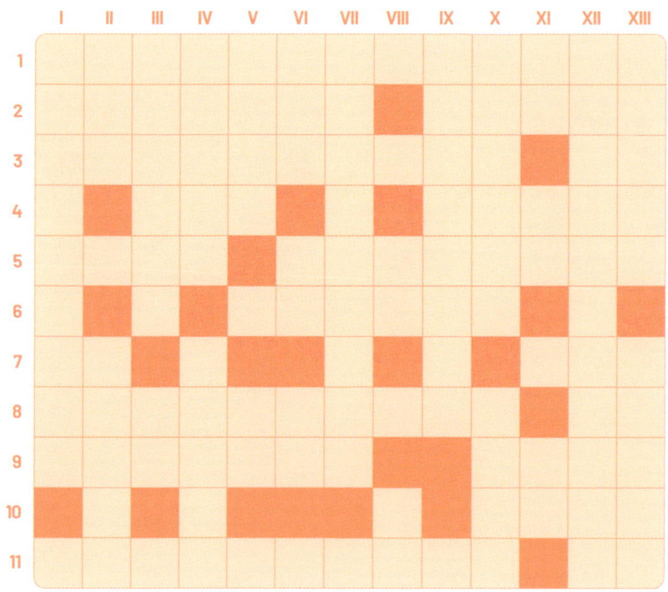

LE SAVIEZ-VOUS ?

Les cérémonies sont très importantes dans les cultures d'Amérique du Sud. Les plus connues sont la cérémonie de sudation, qui permet de purifier le corps et l'esprit en les connectant aux quatre éléments, mais il y a aussi la cérémonie de l'Ayahaca où l'on boit un breuvage hallucinogène du même nom censé avoir des vertus curatives, purificatrices et magiques.

1• Assainissements.
2• Donnera vie. Habile et sans scrupule.
3• Réaction à chaud. Caresse solaire dont il ne faut pas abuser.
4• Elle et lui. Bonne à suivre.
5• Mélodies. Délices.
6• Elle enveloppe l'arbre.
7• Début du rire. Après vous.
8• Qui soigne. Morceau du diable.
9• Arbre nain. Effluve mâle.
10• Détériorer.
11• Rituels religieux. Au bout de la Terre.

I• Déesse inca de la Terre-Mère.
II• Un espagnol. On arrache la mauvaise.
III• Trouvera des vers. Petit décibel.
IV• Prétentieux. Cordage marin.
V• Ils peuvent indiquer une détresse. Césium au labo.
VI• Fin des désirs. Influence du parti unique cubain. Moitié d'un fait.
VII• Communauté autonome espagnole
VIII• Trajet raccourci qui retourne d'où il vient. Avant la figue ou le raisin.
IX• Chaud et humide.
X• Qui n'est plus neutre. Touchés.
XI• Mot de choix. Il fait supposer. Vieux réflexes.
XII• Atténuer l'effet.
XIII• Elles sont le sang des plantes. Il relève du divin.

53 LE DIEU TOLTÈQUE

Ce dieu toltèque (en haut à gauche) cherche à faire connaître ses principes au plus grand nombre mais des imposteurs veulent faire le contraire. Retrouvez les 2 images identiques parmi les 4 suivantes pour démasquer les faux sages.

LE SAVIEZ-VOUS ?

Le cacao sacré est une cérémonie spirituelle de guérison qui viendrait des Mayas et des Aztèques. C'est un voyage dans son univers intérieur qui permet de se reconnecter à soi et aux autres.

54 LE TE-MATHS-ZCAL

Le rituel sacré du temazcal n'aura plus aucun secret pour vous lorsque vous aurez résolu ce problème. Pour répondre à la question 3, il faut avoir la réponse 2, elle-même découlant du numéro.

1 • Le calendrier maya s'établit sur 365 jours (comme le calendrier solaire, bien qu'il soit découpé différemment), et le calendrier lunaire compte, lui, 260 jours. Combien faut-il d'années solaires pour que les calendriers mayas et lunaires se synchronisent ?

Indice : le plus petit multiple commun de 260 et 365 est 18 980.

2 • Le temazcal est un bain de vapeur dans des huttes traditionnelles où l'on purifie son corps et fortifie son esprit grâce à la sudation, qui libère les toxines. Sa durée doit correspondre au nombre d'années solaires nécessaires pour cette synchronisation des calendriers, mais en minutes. Combien de temps dure donc un temazcal ?

3 • Les divinités qui permettent de réaliser un temazcal sont la terre, l'eau, le feu et l'air. Pour les célébrer depuis le bain, la porte de la hutte sera ouverte régulièrement une fois par divinité. Des pierres chaudes sont disposées au milieu de la hutte pour symboliser le nombril de la femme, et leur nombre équivaut à la durée en minutes qui s'écoule entre deux ouvertures de porte. Combien y a-t-il de pierres ?

....

55 LE QUIZCAO

Apprenez-en plus sur la cérémonie du cacao en répondant à ces questions.

1 • Rituel chamanique ancestral des peuples amérindiens, la cérémonie du cacao... (plusieurs réponses possibles)

- **a.** Favorise l'alignement du corps et de l'esprit
- **b.** Stimule le rythme cardiaque
- **c.** Accélère le ré-ancrage avec la terre, le moi profond, l'univers, les autres
- **d.** Guérit émotionnellement
- **e.** Fait grossir

2 • En maya, *cacao* veut dire...

- **a.** Cœur tendre
- **b.** Sève céleste
- **c.** Racine sacrée
- **d.** Sang du cœur
- **e.** Esprit de là-haut

3 • L'élixir bu durant la cérémonie est...

- **a.** Sucré
- **b.** Salé
- **c.** Amer
- **d.** Piquant
- **e.** Acide

4 • Le cacao est reconnu pour (plusieurs réponses possibles)...

- **a.** Être riche en fer, en magnésium, en antioxydants et en vitamines B.
- **b.** Stimuler le système immunitaire.
- **c.** Abaisser le cholestérol et la pression artérielle.
- **d.** Augmenter la taille du cerveau.
- **e.** Contenir un alcaloïde amer légèrement énergisant présent aussi dans le café, utilisé en médecine comme stimulant cardiaque et diurétique.
- **f.** Ralentir la repousse des poils.
- **g.** Dilater les vaisseaux et augmenter le flux de sang et d'oxygène vers le cerveau, ce qui induit la libération d'endorphines et de dopamine, les hormones du bien-être.
- **h.** Être un antidépresseur naturel.
- **i.** Aider à lutter contre la fatigue et le stress.
- **j.** Diminuer les addictions.

56 L'ÉNIGME MYSTIQUE

Élise, Violaine, Daniel, Marina et Malek partent en Amérique du Sud pour découvrir les rituels bien-être du continent. Retrouvez qui a découvert quel rituel, où et en restant sur place combien de temps.

1 • Marina, restée moins de 12 jours, n'a pas expérimenté la cérémonie du cacao ni le massage amazonien et n'a pas mis le pied à Belém ou à Tijuana.

2 • Celui ou celle qui a passé moins de 15 jours à Belém n'est pas Malek et n'a pas utilisé de cacao.

3 • La personne qui s'est imprégnée de l'atmosphère mystique régnant au sanctuaire religieux du Machu Picchu est restée moins de 10 jours et n'est ni Élise, ni Marina, ni Malek.

4 • Daniel a bénéficié de 9 jours à Teotihuacan mais n'a ni touché de cacao, ni reçu de massage, ni été enfumé.

		Lieu					
		Teotihuacan	Belém	Tijuana	Machu Picchu	Quito	Purificatio
Prénom	Elise						
	Violaine						
	Daniel						
	Marina						
	Malek						

Rituel				Durée				
Temazcal	Cacao	Massage	Sanctuaire	7 jours	9 jours	10 jours	12 jours	15 jours

57 LE MASSAGE EMMÊLÉ

Technique profondément relaxante et concentrée sur le ventre, le massage amazonien est issu de différentes sagesses. Retrouvez les mots en rapport avec ce massage à partir de ces anagrammes.

1 • RESUMAS ....

2 • MINAS ....

3 • AMANITES ....

4 • INGEREE ....

5 • FORCERONT ....

6 • GLAISES ....

7 • SEPARAI ....

8 • RENDRAI ....

58 LES CONNAISSANCES ANTIQUES

Bien qu'aujourd'hui disparus, les Aztèques ont toujours de nombreuses choses à nous apprendre. Retrouvez le code pour découvrir l'un de leurs proverbes.

_	_		_	_	_	_		_ '	E	_	_	_		_	_	_	_	_	_	_
6	19		23	12	4	1		1	4	14	2	4		5	19	7	2	4	22	4

_	_	_	_	_	_		_	_	_		_	_	_	_	_	S		_	_	_	_	_	_
4	9	13	16	12	4		1	4	5		6	16	19	23	4	5		10	1	4	19	2	5

_	_	_		_	_	_	_	_	_	_	_		_	_	_	R	_
3	19	12		23	15	24	5	5	4	9	14		9	16	14	2	4

_	_	_	_	_	_	_	_	.
24	22	4	2	14	19	22	4	

59 LE LABYRINTHE MAYA

Le soigneur du peuple maya doit accomplir une cérémonie de purification.
Malheureusement, il s'est perdu dans la pyramide. Aidez-le à sortir pour qu'il puisse accomplir le smudging.

PETITS BONHEURS D'HAWAÏ

60 QUAND HAWAÏ S'EMMÊLE

Retrouvez dans la grille les 27 mots en rapport avec une tradition sociale et spirituelle de repentir et de réconciliation des anciens Hawaïens. Les lettres restantes en forment le nom.

M	E	M	O	I	R	E	R	D	R	O	R
L	E	S	R	E	V	I	N	U	H	E	E
I	D	T	P	O	R	R	E	F	S	L	Y
N	I	A	H	E	U	T	S	P	A	E	O
T	R	U	P	O	A	O	O	C	P	N	T
E	R	E	M	E	D	N	H	I	O	N	T
R	L	A	R	T	S	E	C	N	A	E	E
I	N	C	O	A	R	R	P	O	S	I	N
E	I	V	B	D	E	S	O	L	E	A	X
U	E	L	U	M	R	O	F	N	N	W	I
R	E	C	I	T	E	R	A	I	S	A	A
O	E	I	H	P	O	S	O	L	I	H	P

Amour
Ancestral
Chose
Créateur
Désolé
Enfant
Formule
Hawaïenne
Idée
Intérieur
Lâcher
Mémoire
Merci
Mère
Méthode
Nettoyer
Ordre
Paix
Philosophie
Pur
Réciterais
Répare
Responsable
Rire
Sens
Universel
Vie

....

....

....

LE SAVIEZ-VOUS ?

Parmi les différents symboles qui revêtent une grande importance dans la culture hawaïenne, le honu, ou tortue verte hawaïenne, constitue une représentation puissante de la résilience, de la sagesse et de la connexion avec le monde naturel. Faisant partie des plus anciens animaux de la Terre, il est connu pour guider le peuple hawaïen vers les îles.

61 LE LEXIQUE EN CHARADE

Devinez les termes relatifs à la spiritualité et au bien-être à l'hawaïens grâce aux charades disséminées au fil des pages.

Mon premier est un début de carie.
Mon second est la première page d'un journal.
Mon troisième est l'alpha latin.
Mon tout est le nom du maître qui pratique le massage Lomi-Lomi.

....

LE SAVIEZ-VOUS ?

La philosophie Ho'oponopono est si importante dans la culture hawaïenne qu'elle a été désignée trésor vivant dans la constitution d'Hawaï en 1993.

62 LES PRINCIPES DIVISÉS

Les sept principes de base du Ho'oponopono ont été coupés en deux. Rassemblez-les pour les découvrir.

1 • La réalité physique...

2 • Une pensée de ressentiment et de colère...

3 • Si nos pensées sont parfaites...

4 • Nous sommes responsables à 100%...

5 • Tout est à l'intérieur car tout existe...

6 • Nous sommes le créateur de notre réalité...

7 • La paix commence...

a. ... de notre réalité.

b. ... est une création de notre mental.

c. ... nous pouvons donc influer dessus en changeant notre mental.

d. ... elles créent une réalité juste et bienveillante..

e. ... à l'intérieur de soi.

f. ... va créer une réalité de ressentiment et de colère.

g. ... en pensée dans notre mental.

63 QUELQUES GOUTTES D'ESPRIT POSITIF

Laissez tomber chaque lettre verticalement pour écrire cet excellent conseil de Sénèque, philosophe du début de notre ère.

Q	O	M	V	L	S	A	N	P	R	P	T	R	P	N	P	A	E	S	A	T	D	A	N	D	E	E
L	U	U	S	I	E	S	D	O	A	A	G	E	S	A	S	R	S		A	N	T	E	N	S	R	R
S	A	E	A	I	E				L	U	P	E	E		D		D		E		T					
					L				E	S	I															

		■				■		'				■				■		'								
			■				■							■								■	■	■	■	■
■	■					■		'										■		■						
				■			■						.													

64 DES TORTUES ET DES HOMMES

Sur une plage hawaïenne, on distingue au loin des hommes suivant des tortues vertes, aussi appelées « honu ». En regardant plus précisément, on compte qu'il y a au total 10 têtes et 34 pieds.

Combien y a-t-il d'hommes et de tortues ?

....

65 L'APPEL DU BONHEUR

Partez à la recherche du mot prisé des hawaïens qui sert aussi de salutation.

Mon premier est un mot téléphoné.
Mon second commence l'appel.
Mon tout est l'état d'esprit hawaïen (très prisé des surfeurs) qui relie le corps, le cœur et l'âme à la source de vie.

....

66 LA TORTUE HONU

Cette tortue sacrée guide les hawaïens vers les îles mais elle a cogné sa sublime carapace sur des coraux. Aide là à retrouver sa beauté d'antan en relevant les 7 différences entre les deux images.

67 L'ORIGINE DE LA VIE

Chaque vie a une origine et, pour les hawaïen, cette origine est unique.
Retrouvez comment ils l'appellent grâce à cette charade.

Mon premier est l'inverse de ici-bas.
Mon second est une insolence enfantine.
Mon troisième est ici.
Mon quatrième se répète pour exclure.
Mon tout est la source universelle de toute vie.

....

PETITS BONHEURS DE CHINE

68 LE FENG SHUI INCOMPLET

Replacez les 8 mots à leur bonne place dans le texte pour en savoir plus sur le feng shui.

Le feng shui est un art ancestral .... qui fut longtemps réservé à la famille .... Si la traduction littéraire en est « eau et .... », elle fait avant tout référence au lien entre le ciel et la .... Riche de codes, de principes et d'un langage qui lui sont propres, il est surtout connu en Occident pour ses recommandations en .... d'agencement, de placement du mobilier dans la maison. Il a cependant une forte dimension .... : il vise à faire le pont entre habitat et .... , et les experts le pratiquant sont souvent appelés « les .... de la maison ».

- TECHNIQUE
- HABITANT
- CHINOIS
- THÉRAPEUTES
- VENT
- IMPÉRIALE
- MATIÈRE
- TERRE

LE SAVIEZ-VOUS ?

Le cycle des 5 éléments est l'un des fondamentaux du feng shui. L'autoriser permet d'apporter les correctifs nécessaires à l'agencement intérieur et d'équilibrer les énergies par leurs interactions dans les différents cycles. Les éléments sont représentés par des couleurs, des formes, des matières...

Métal : gris, or, cuivre, argenté, etc.formes rondes.

Eau : bleus, formes ondulées.

Bois : verts, marron foncé, formes rectangulaires.

Feu : violets, orange, rouges vifs, formes triangulaires.

Terre : verts, bruns, sable, angles et formes planes.

69 UNE ROCHE POUR CHAQUE SOUCI

Découvrez 10 noms de pierres utilisées en lithothérapie grâce à ces anagrammes.

1 • DIOPTRE ....

2 • RAGENT ....

3 • BRAME ....

4 • DIASTOLE ....

5 • MIAULERONT ....

6 • SUBIR ....

7 • POELA ....

8 • CRANE ....

9 • SEGMENTAI ....

10 • CLAIRONNE ....

70 LES BONS MÉRIDIENS

Quelques méridiens, ces lignes de flux énergétique, de la première image ont été détournés pour créer la deuxième image. Cherchez les 7 différences.

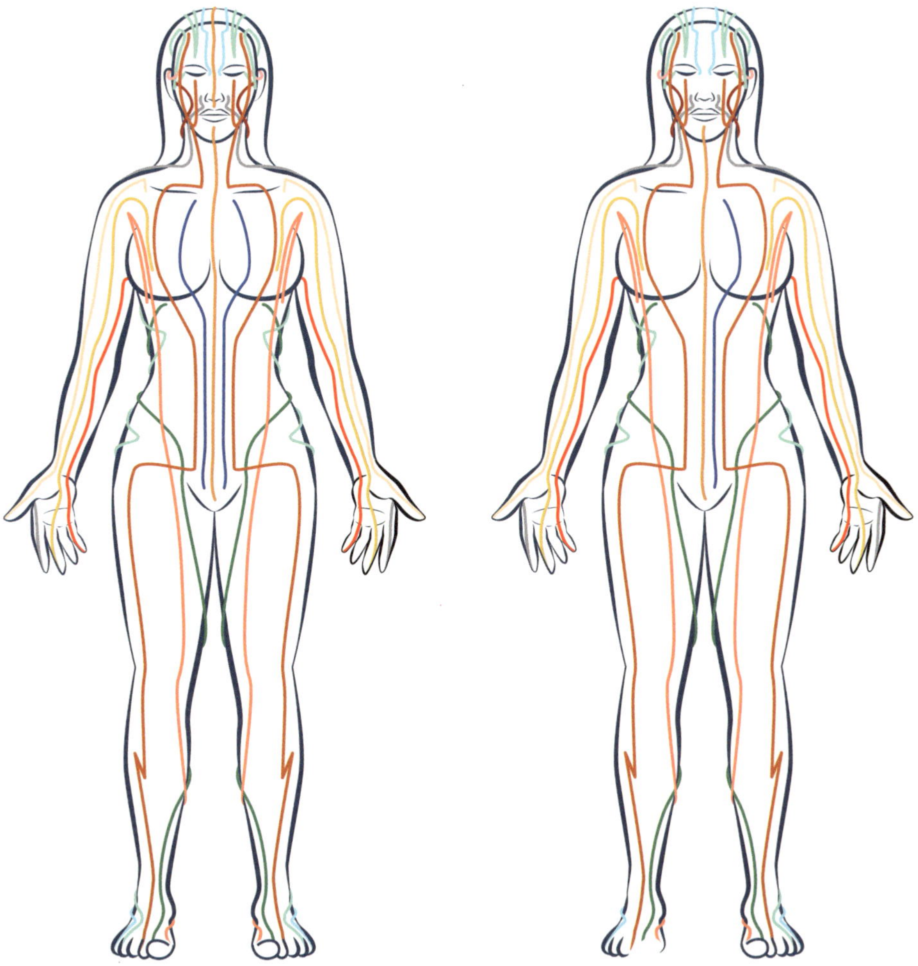

LE SAVIEZ-VOUS ?

L'acupuncture est une pratique traditionnelle qui se base sur une perception énergétique taoïste de l'homme et de sa relation à l'univers. La stimulation de points spécifiques vise à rétablir la circulation de l'énergie vitale (qi) – composée du yin et du yang – le long de méridiens, de lignes qui permettent à l'énergie de circuler. Il existe 12 méridiens principaux et 8 méridiens « extraordinaires ».

71 LE CYCLE DES 5 ÉLÉMENTS

Sachant que :

- Le cycle nourricier des cinq éléments suit le sens des aiguilles d'une montre.
- Le cycle de tempérance va à l'inverse.
- Le cycle de destruction suit le sens horaire et saute un élément.
- Le feu nourrit la terre.
- Le bois tempère l'eau.
- Le métal détruit le bois.

Dessinez ci-dessous le cercle des éléments en les plaçant à leur place dans le cycle. Indiquez ensuite les flèches pour montrer le sens de chaque cycle en sachant qu'un élément sera sauté pour le cycle de destruction.

72 LA PIERRE DE TROP

La lithothérapie fait partie intégrante de la médecine chinoise. Parmi ces pierres utilisées pour leurs vertus diverses, trouvez l'intruse.

- L'aventurine verte, pour calmer l'agitation et réduire les problèmes de peau.
- Le quartz rose, pour apaiser et diminuer les insomnies.
- L'olivine, pour se débarrasser de la colère.
- Le cristal de roche, pour la croissance spirituelle.
- Le jade de Chine, pour la sérénité et la longévité.
- La sodalite, pour clarifier le mental.
- L'agate zeblouz, pour lutter contre la dépression.
- L'œil-de-tigre, pour augmenter sa confiance en soi.
- La malachite, pour absorber l'énergie négative.
- L'obsidienne flocon de neige, pour équilibrer le yin et le yang.

73 LA FUMÉE CHINOISE

Trouvez les 11 mots définis ci-dessous, et découvrez le nom de la technique de fumigation pratiquée en Chine qui consiste à faire brûler des bâtonnets d'encens à proximité des points des méridiens pour les chauffer, en alternative à l'acupuncture et à l'acupression.

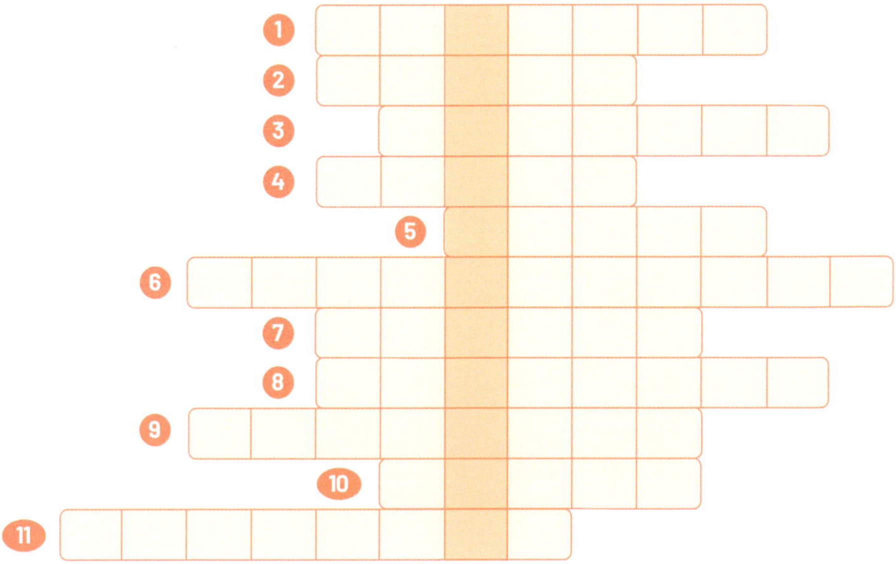

1• Il donne son odeur puissante au baume chinois
2• Senteur
3• Morceau choisi
4• La religion l'est pour le peuple
5• Du tigre pour les muscles
6• Technique de pointe
7• Fleur pour thé
8• Support d'esquimau
9• Dure à trouver dans le foin
10• D'orgue ou final
11• Art du soin

74 LE VRAI OU FAUX DU FENG SHUI

À l'aide de ce vrai ou faux, testez vos connaissances en matière de feng shui.

	VRAI	FAUX
1 • Les hémisphères du symbole yin et yang sont deux opposés.		
2 • L'énergie vitale est appelée chi ou qi.		
3 • Une fois introduite dans la maison par la porte d'entrée, l'énergie se dirige vers la lumière, et donc les fenêtres. Il convient de ne pas placer les lieux de position statique longue (canapé, bureau, lit…) sur ce trajet.		
4 • La coccinelle représente la protection, le soutien, ce qui nous donne l'élan nécessaire pour avancer. Elle se situe derrière la maison (montagne, bâtiments, etc.) ou derrière nous en intérieur (mur plein derrière le canapé, le lit, le bureau).		
5 • Le carré Lo Shu est un diagramme octogonal qui aide à faire le lien entre le lieu, son orientation et ses habitants, une grille permettant de diviser un lieu en neuf secteurs égaux et de les agencer au mieux selon les règles du feng shui.		
6 • Au moment de l'emménagement, lorsque l'atmosphère semble pesante, suite à un événement familial (dispute, décès, départ, divorce…) ou pour créer une nouvelle dynamique car on en ressent le besoin, il est important de purifier son habitation au moins une fois par an, comme une sorte de ménage de printemps, en faisant brûler de la sauge blanche ou du palo santo, par exemple.		
7 • Les cuillères chantantes tibétaines permettent également de purifier l'énergie de sa maison grâce aux vibrations créées quand elles s'entrechoquent, qui rayonnent dans toute la pièce.		

75 LE CONSEIL EN DÉSORDRE

Remettez les mots de ce célèbre proverbe chinois dans le bon sens.

l' envie que ton soin habiter pour de

corps Prends de ton âme ait

……………………………………………………………………………………

……………………………………………………………………………………

76 LA MÉDECINE TRADITIONNELLE CHINOISE DANS TOUS SES ÉTATS

Vieille de 6 000 ans, la médecine chinoise comprend une multitude d'écoles de pensée parmi lesquelles la Médecine traditionnelle chinoise (MTC). L'Occident l'a découverte après la visite du président américain Richard Nixon, en 1972, lorsque la Chine continentale s'est ouverte au reste du monde. Retrouvez les mots issus de son glossaire.

1• La peau est le plus gros du corps
2• L'univers grandiose dans sa relation à l'homme
3• Force mâle symbolique
4• Bruit anormal du cœur
5• Il relie les pôles
6• On la préfère solaire à fossile
7• Essentiel

I• Son exposant vaut un demi
II• Entité chimique
III• Troisième dimension
IV• Flux ou reflux
V• Liquide de pompes
VI• Zone de réparation dans le sport

SOLUTIONS

PETITS BONHEURS D'INDE

1 LES MOTS DU YOGI

	I	II	III	IV	V	VI	VII	VIII	IX	X
1	M	E	D	I	T	A	T	I	O	N
2	A	S	A	N	A	S	■	C	R	I
3	N	A	N	■	P	C	■	I	■	D
4	T	■	C	H	I	E	N	■	O	R
5	R	I	E	U	R	S	■	■	M	A
6	A	L	U	■	■	E	■	P	■	■
7	R	I	E	U	R	S	■	R	O	I
8	■	S	■	A	N	■	H	A	U	T
9	A	■	U	■	I	N	O	N	D	E
10	S	A	V	A	S	A	N	A	■	M

2 À LA RECHERCHE DE SON SOUFFLE

Kapalabhati (K-pal-abba-ti). La respiration du feu est à pratiquer le dos droit et le diaphragme dégagé. Il faut prendre une respiration ventrale et expirer l'air rapidement, le tout par le nez.

3 LES POSTURES YOGIQUES EMMÊLÉES

G	R	A	T	I	T	U	D	E	S	U	O	A
P	H	R	U	R	U	G	L	A	J	S	M	G
I	R	K	A	P	H	A	L	J	A	A	K	N
N	N	A	U	M	T	U	A	A	A	H	U	A
C	L	H	N	N	T	Y	G	E	N	S	N	R
H	I	C	E	A	I	O	N	A	S	O	D	U
A	E	M	T	A	Y	U	R	V	E	D	A	T
A	L	I	M	A	L	A	N	A	A	T	L	A
A	O	D	N	A	E	T	M	T	S	S	I	H
N	S	A	A	N	I	A	A	A	U	A	N	C
D	D	H	O	R	G	N	M	A	T	T	I	P
I	N	S	P	I	R	A	T	I	O	N	U	K
H	A	S	S	V	E	S	K	A	L	I	A	N
A	E	S	A	A	N	A	S	A	L	A	B	N
A	R	T	U	S	E	A	E	R	E	I	R	P

4 L'ACCORD PARFAIT

1•c. Assis en tailleur sur le tapis, prenez quelques minutes pour respirer profondément et posez votre sankalpa, votre intention pour la pratique.

2•c. Debout à l'avant du tapis, commencez une salutation au soleil pieds joints, mains en prière devant la poitrine, inspirez en levant les bras.

3•f. Puis fléchissez le buste vers l'avant pour poser votre buste sur vos cuisses, *Uttanasana*, posture de la pince debout.

4•b. *Chaturanga*, chien tête en haut, chien tête en bas, puis levez la jambe droite vers l'arrière avant de poser votre pied droit entre vos mains, *Anjaneyasana*.

5•d. Posture après posture restez conscient de vos placements, de vos activations musculaires, soignez votre souffle.

6•e. Avant de terminer, laissons le corps et le cerveau digérer la pratique dans la posture du *Savasana* pour un instant de relaxation.

5 LA RESPIRATION MYSTÈRE

Nadhi Shodhana (Na-dish-ode-ah-na). La respiration alternée se pratique assis dans une posture confortable.
Il faut respirer en alternant les narines. Bouchez la narine droite avec le pouce de la main droite puis la narine gauche avec l'index de la main droite.

Les mots à composer sont :
« Hanumanasana » (le Grand écart), « Tadasana » (la Montagne) et « Adho mukha svanasana », (le Chien tête en bas).

6 L'INDE SENS DESSUS DESSOUS

1 • PIRETS -> Esprit
2 • RILEBIQUE -> Équilibre
3 • NOSUTTALIA -> Salutation
4 • QUOSHITIEL -> Holistique
5 • CEPISE -> Épices
6 • PIRULIASITTE -> Spiritualité

7 CHACUN CHERCHE SON YOGA

Prénom	Type de yoga	Ville	Mois
Eli	Ashtanga	Marseille	Juin
Sam	Vinyasa	Lyon	Août
Madhil	Yin yoga	Paris	Juillet

8 L'IN-POSTURE

Les vraies postures sont la 2, le Lézard volant, la 5, la Chose sauvage et la 6, le Cadavre.

9 LE YOGI QUIZ

1 •c. Le yoga vient de *yuj* qui signifie « unir ».

2 •c. C'est le yoga de l'action désintéressée, c'est l'une des 4 voies traditionnelles du yoga.

3 •c. C'est *Krishnamacharya* qui est considéré comme le père du yoga moderne.

4 •b. Les 7 chakras principaux sont le sommet du crâne, le troisième œil, la gorge, le cœur, le nombril, le sacrum, le périnée.

5•c. Les *bandha* sont les verrous du corps et les *nadis* sont des canaux par lesquels transite l'énergie.

10 LES ORIGINES DU YOGA

1 • Faux. Le yoga est une discipline qui provient de la religion hindouiste mais qui est désormais une pratique sportive qui vise au bien-être en occident.

2 • Vrai. Le *hatha yoga* est une création plus dynamique éloignée du yoga traditionnel

3 • Faux. Elle naît au XVIIe siècle et serait vue, à l'époque, comme une préparation physique au combat.

4 • Vrai. Son étymologie reconnue est « atteler », dans le sens « unir ».

5 • Vrai. Alors que Gandhi donnait à ce texte qu'il traduisait une interprétation pacifique, certains brahmanes le voyaient comme une légitimation de l'usage de la violence.

6 • Vrai. Le yoga s'est inspiré des pratiques sportives à la mode pour évoluer et toucher l'occident, en particulier avec l'entremise de *Krishnamacharya*.

11 LES POSTURES PRESQUE IDENTIQUES

SOLUTIONS

12 LES MOTS PERDUS

L'Ayurvéda repose sur l'harmonie entre le corps et l'esprit et offre de nombreux bienfaits comme la réduction du stress, l'élimination des toxines ou encore l'amélioration de la circulation sanguine. Cela se fait par le biais de massages, mais surtout en réadaptant ses habitudes grâce à une hygiène de vie propre à chaque personne – alimentation, sommeil, interactions… – et à l'utilisation de formules de plantes et d'autres remèdes naturels ciblés.
Science sœur du yoga, elle a été développée pour diagnostiquer les déséquilibres dans le corps et dans l'esprit qui finissent par se manifester sous forme de maladies, de malaises et d'autres symptômes.
L'ayurvéda est avant tout une médecine préventive, répertoriée par l'OMS comme étant un système de santé naturel, traditionnel et intégratif.
Dans la philosophie ayurvédique, quatre éléments doivent être équilibrés pour conserver une bonne santé : les *doshas* (les énergies), l'*agni* (le feu), les *dhatus* (les tissus) et les *malas* (les déchets).
On distingue trois types de doshas – « ce qui est déséquilibré » en sanskrit : *Vata* (le mouvement), *Pitta* (la transformation) et *Kapha* (la cohésion).
Lorsque les trois doshas sont équilibrés, cela signifie que l'on est en bonne santé.

PETITS BONHEURS DU JAPON

13 LE MÉLI-MÉLO REIKISTE

N	I	O	S	H	A	R	M	O	N	I	E
G	A	N	O	I	T	I	S	O	P	P	A
E	T	N	E	T	E	D	I	S	A	E	P
C	N	E	U	T	S	T	P	R	F	R	R
O	E	S	Q	O	I	R	A	F	E	E	I
N	M	S	I	U	O	H	E	X	H	M	N
S	E	E	T	C	I	T	A	O	I	L	C
C	T	N	S	H	R	L	G	O	K	A	I
I	I	S	I	E	E	E	I	I	I	C	P
E	A	E	L	R	J	R	S	B	E	I	E
N	R	I	O	H	O	C	A	N	R	H	S
C	T	I	H	D	O	J	O	P	I	E	R
E	D	U	T	I	T	A	R	G	I	A	Y
K	I	O	F	I	T	A	T	I	D	E	M

Les trois mots restants sont : « gassho » (la méditation), « reiji-ho » (l'intuition) et « chiryo » (le traitement).

14 L'ÉNIGME SALÉE

Prénom	Baignoire	Type de sel	Moment
Renaud	Baignoire d'angle	Sel d'Epsom	Samedi midi
Koko	Baignoire ronde	Sel de Guérande	Samedi soir
Cassius	Baignoire sur pieds	Sel rose d'Himalaya	Dimanche midi

15 LE (BON) SENS DE LA FORMULE

L'espace d'une vie est le même, qu'on le passe en chantant ou en pleurant.

16 LE REIKIQUIZ

1•d. Il y a 3 piliers du reiki.

2•b. et e. Ces trois piliers sont L'intuition (*reiji-ho*), le traitement (*chiryo*) et la méditation (*gassho*).

3•a., c., e., f. et h.

4•d.

17 LE BAIN CODÉ

Je suis sous la protection de mes ancêtres. Nul ne peut me blesser quel que soit le moyen utilisé. Par ce bain, je me purifie et me protège et par cette formule, j'appelle ceux qui me veulent du bien à prendre soin de moi.

A = 9, B = 15, C = 24, D = 7, E = 18, F = 10, G = 5,
H = 26, I = 6, J = 23, K = 1, L = 19, M = 12, N = 25,
O = 11, P = 2, Q = 17, R = 20, S = 13, T = 8, U = 3,
V = 22, W = 14, X = 21, Y = 4, Z = 16

18 LE RITUEL RETROUVÉ

Otonamaki (O-To-Na-~~Ma~~-Maki). Il s'agit d'une technique qui date de 2015 issue de l'imagination d'une sage-femme masseuse qui a conçu sa méthode pendant 7 années.

19 LES SACRÉS CHAKRAS

De haut en bas :
Chakra couronne = spiritualité,
Chakra du troisème œil = intuition,
Chakra de la gorge = expression,
Chakra du cœur = amour,
Chakra solaire = volonté,
Chakra sacré = plaisir,
Chakra racine = survie.

20 LE POUVOIR RELAXANT DU DESSIN

21 UNE VUE SUR LE MONT FUJI

SOLUTIONS

22 LES MOTS POUR ÊTRE ZEN

AN**C**RAGE
EMPAT**H**IE
PL**A**ISIR
REI**K**I
SPI**R**ITUALITÉ
VIT**A**LITÉ
EXPRE**S**SION

Le mot formé est **CHAKRAS**.

PETITS BONHEURS DES PAYS NORDIQUES

23 LES RUNES À LA UNE

1 •b. La 25e et nouvelle rune est Wyrd/Yr, la rune du destin.

1 •e. Aujourd'hui elles sont utilisées par tous pour la runomancie mais il est important de savoir d'où elles viennent pour s'imprégner de leur pouvoir.

3 •d., e., g. Les runes ont de multiples pouvoirs et sont très puissantes.

4 •c. Chacune correspond à une lettre de notre alphabet et à une signification.

5•b. Il y a 4 familles de rune qui correspondent chacune à l'une de ces catégories.

24 LE NIKSEN CROISÉ

	I	II	III	IV	V	VI	VII	VIII	IX	X	XI	XII	XIII	XIV
1	P	R	O	C	R	A	S	T	I	N	E	R	A	S
2	A	I	S	E	E	S	■	R	O	Y	A	U	M	E
3	R	A	T	■	P	A	P	A	■	■	■	A	L	U
4	E	N	E	■	O	P	I	N	I	O	N	■	L	E
5	S	T	O	P	S	■	■	Q	U	I	E	T	E	S
6	S	E	P	I	A	■	D	U	O	S	■	O	T	■
7	E	■	A	C	N	E	■	I	■	I	■	R	T	T
8	U	■	T	■	T	R	■	L	■	V	A	P	E	S
9	S	■	H	M	■	O	R	L	■	E	T	E	■	A
10	E	P	I	C	E	S	■	I	■	T	■	U	F	R
11	■	A	E	R	A	■	O	T	E	E	■	R	U	I
12	B	O	■	E	■	R	I	E	N	■	A	■	E	N
13	I	N	E	R	T	I	E	■	S	I	F	F	L	E

25 LE SAUNA MÊLÉ

C	N	A	B	O	I	S	S	E	M	R	E	H	T
D	E	A	A	B	A	O	V	R	D	C	O	R	N
A	H	T	I	I	S	U	E	T	R	E	A	U	X
U	C	I	N	S	T	N	T	O	N	N	S	A	U
I	E	T	T	E	I	V	R	E	S	A	L	L	E
M	S	N	I	C	T	V	A	P	E	U	R	J	A
M	E	E	S	V	T	E	I	E	M	E	A	D	R
E	A	I	A	P	E	R	D	A	N	C	S	I	U
R	P	S	U	U	A	R	M	U	U	I	T	O	E
S	E	T	S	T	E	M	A	Z	C	A	L	R	L
I	A	M	I	A	A	A	Z	O	N	E	I	F	A
O	S	O	O	H	G	I	E	N	E	I	G	Y	H
N	N	U	D	I	T	E	N	E	N	A	B	A	C

La phrase à retrouver est : « D'abord construis ton sauna et ensuite ta maison ».

26 MATHS ET LUX

10 000 lux = 4 000 lux x 2,5
Pour compenser une durée passée en intérieur, il faut donc en passer une 2,5 fois moins longue devant la lampe. Une heure loin du soleil la veille peut se compenser en $\frac{60}{2,5}$ = 24 minutes.

La durée maximale devant la lampe étant de 30 minutes par jour, on ne peut pas compenser totalement plus d'une heure et quart en intérieur ($\frac{75 \text{ minutes}}{2,5}$ = 30 minutes)

Ne reste plus qu'à additionner les minutes de lampe qui dépassaient les 30 minutes autorisées.
Lundi : pas de séance.
Mardi : une séance de 24 minutes.
Mercredi : pas de séance.
Jeudi : une séance de 30 minutes
Vendredi : une séance de 16 minutes.
Samedi : une séance de 30 minutes (il lui manque donc 12 minutes de luminosité).
Dimanche : une séance de 30 minutes (il lui manque donc 6 minutes de luminosité). Il manque donc à Carole 18 minutes de lumière cette semaine.

27 ET LA LUMIÈRE FUT

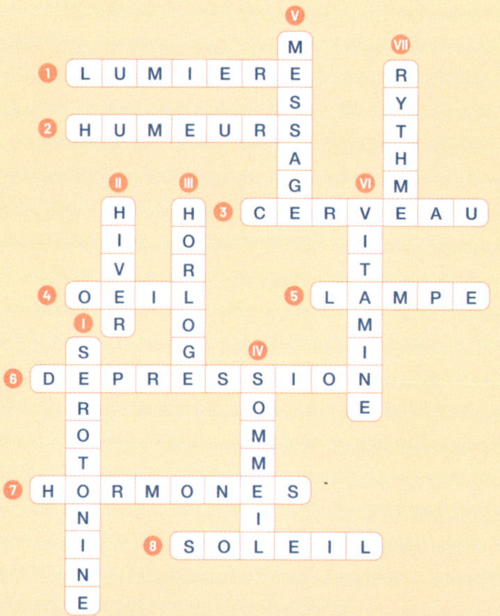

28 LES MOTS DE LA DIVINATION

Le mot rune signifie mystère ou secret en vieux norrois. Les runes sont un outil très puissant qui, à l'image des valeureux guerriers vikings, n'épargnent pas celui qui les interroge. Elles nous forcent à nous écouter et à trouver les ressources en nous pour changer ce qui nous bloque dans la vie – un support très intéressant pour les guidances. Elles ne proposent pas une version précise de l'avenir, car celui-ci ne dépend que des personnes elles-mêmes, mais apportent un point de vue externe à une situation ou une problématique afin de pouvoir en tirer le meilleur. Ce qui est important avec les runes, c'est l'intention que vous mettez lorsque vous vous connectez avec elles. Choisissez-les selon ce qui vous attire le plus : pierre (quartz, obsidienne, améthyste, lapis-lazuli, pierre de lune, agate…), bois (cèdre, bouleau, chêne, hêtre…), résine (colorées, transparentes avec fleurs, paillettes, coquillages…). Au calme, allumez une bougie et de l'encens puis appelez vos runes une à une en les plaçant au sol tout autour de vous. Une fois les vingt-cinq runes disposées en cercle, remerciez Odin de vous donner accès à son savoir sur les runes. Puis posez la question de votre choix, et lancez les runes pour observer celles qui atterrissent face visible. Ce sont vos réponses selon les runes.

29 LES TROIS RUNES

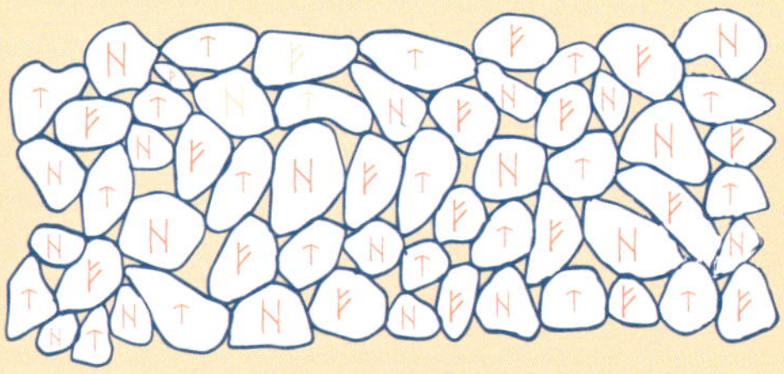

30 LE PAYS LE PLUS HEUREUX DU MONDE

Danemark (Da (dada) + nœud + mare + queue)

31 L'AMOUR DU SOLEIL

« La lumière est ma loi. Sans soleil je me tais. », devise qui provient du latin LUX MEA LEX. SINE SOLEO.

32 LA CHASSE AU BONHEUR

1• Vrai. C'est aussi le nom d'une pastille à la réglisse.

2• Faux. L'un des secrets des Finlandais est que quelle que soit la température, il ne se privent pas d'activités extérieures.

3• Faux. *Sisu* peut signifier « tourner les difficultés en opportunités ».

4• Vrai. On utilise le terme sisu pour les victoires sportives et militaires. Quand malgré l'envie de renoncer, on continue à se battre.

5• Vrai. C'est un lieu familial où tous sont égaux. Les lois sont bien moins restrictives qu'en France.

6• Faux. Ce sont au contraire les bains glacés qui rencontrent un franc succès.

SOLUTIONS

33 ASSOCIATION DE BIENFAITEURS

1 •c. Ce rituel est recommandé pour toutes la famille dans les pays nordiques. Attention en France il faut avoir 18 ans pour fréquenter un sauna.

2 •d. Les Suédois, qui pratiquent ce rituel, sont de grands amateurs de café, c'est une pause presque sacrée.

3 •g. Si l'on voulait traduire ce mot, lagom, en français, on pourrait dire « le juste milieu » ou « l'équilibre parfait ».

4 •f. Pour adopter l'esprit hygge en France, allumez des bougies, mettez-vous sous un plaid et profitez de l'instant avec ceux que vous aimez.

5 •a. De plus en plus répandu en France, le vasta permet d'avoir les jambes belles et surtout légères.

6 •e. Ce mot aurait été inventé par Henrik Ibsen, grand dramaturge qui a écrit le poème « Sur les hauteurs » une ode à ces instant passés en tête à tête avec la beauté de la nature.

7 •b. *Smultronställe* signifie « lieu des fraises sauvages ». C'est un endroit rien qu'à nous où l'on se sent au mieux.

PETITS BONHEURS DES ÉTATS-UNIS

34 LE VRAI OU FAUX DE LA NATUROPATHIE

1 • Faux. on recommande de manger des produits le moins transformés possible.

2 •. Vrai. Les protéines ne sont pas stockées, il faut donc en consommer régulièrement.

3 • Vrai. La digestion commence dès la mastication car la salive produite commence à désagréger les aliments.

4 • Faux. Au contraire, elles sont bonnes pour la santé selon le profil auquel vous appartenez.

5 • Faux. Attention aux fruits pressés. Ils contiennent de nombreux sucres et n'ont pas les bienfaits des fruits que l'on croque.

6 • Vrai. La marche est une activité physique qui a de nombreux bienfaits comme oxygéner nos cellules ou stimuler l'élimination des toxines.

7 • Faux. Les cures détox doivent avoir lieu lorsqu'on est en bonne santé car elles peuvent fragiliser l'organisme.

8 • Faux. Au contraire, boire suffisamment d'eau évite à notre corps de faire des réserves.

35 QUELQUES (ANA-) GRAMMES DE NEW AGE

1 • Esprit
2 • Magie
3 • Mental
4 • Sorcière
5 • Plaisir
6 • Besoin
7 • Sérénité

36 LES MOTS DE L'ATTRACTION

A	U	O	B	J	E	C	T	I	F	H	J
E	V	E	R	O	E	N	G	I	S	A	E
O	I	N	T	U	I	T	I	O	N	B	C
E	R	U	T	R	E	V	U	O	U	I	N
D	I	V	I	N	A	T	I	O	N	T	A
I	T	R	R	A	D	T	M	H	U	U	Y
U	U	E	I	L	C	C	A	E	S	D	O
G	E	S	T	A	P	H	G	O	O	E	R
S	L	O	R	E	T	C	E	N	N	O	C
F	I	T	I	S	O	P	S	M	I	D	B
L	T	N	O	I	T	A	R	B	I	V	E
A	F	F	I	R	M	A	T	I	O	N	E

La phrase à trouver est : « Aujourd'hui c'est possible ».

37 LE PRINCIPE AU GOUTTE-À-GOUTTE

Il y a une force intérieure dans chaque être humain qui une fois libérée, permet de transformer chaque rêve, vision et désir en réalité.

38 ATTIRER DE BONNES CHOSES

39 DES JEÛNES ET DES MOINS JEÛNES

1 •e. Ce type de jeûne permet de débarrasser son corps des toxines.

2 •g. Ce type de jeûne réduit la pression artérielle et les effets du stress.

3 •a. Ce type de jeûne aide à la perte de poids. (Attention, la perte de poids n'est recommandée que dans des cas d'obésité dangereuse, parlez-en à votre médecin avant de commencer tout type de jeûne.)

4 •b. Ce type de jeûne offre un meilleur contrôle des sensations liées à la faim et à la soif.

5 •i. Ce type de jeûne nettoie les cellules défectueuses et prévient les effets du vieillissement.

6 •h. Ce type de jeûne aide à la perte de poids. (Attention, la perte de poids n'est recommandée que dans des cas d'obésité dangereuse, parlez-en à votre médecin avant de commencer tout type de jeûne.)

7 •c. Ce type de jeûne, s'il est pratiqué régulièrement, renforce notre système immunitaire et réduit les maladies inflammatoires.

8 •f. Ce type de jeune concentre notre attention sur notre foi.

9 •d. Ce type de jeûne élimine les toxines de notre corps et le nettoie.

40 L'ULTIME CONSEIL AMÉRICAIN

Harmonie (Arme-eau-nie)

41 ATTIRER LES RÉPONSES

1 •b. Pour voir s'exhaucer ses rêves, il faut suivre un protocole précis. La loi de l'attraction n'est pas une loi magique.

2 •a. Ce n'est pas parce que ce que vous souhaitez n'advient pas qu'il faut se flageller. Au contraire il faut accepter qu'on ne puisse pas réussir à tous les coups et essayer de nouveau.

3 •d. La loi de l'attraction repose sur le fait que l'on pense au positif. Penser en permanence à une choses et se dire que l'on ne souhaite pas qu'elle arrive à plus de chance de l'attirer.

4 •a. Comme dit précédemment, il ne faut pas penser au négatif. Concentrez-vous sur ce que vous souhaitez voir advenir.

SOLUTIONS

PETITS BONHEURS D'AFRIQUE

42 L'ARBRE À ENCENS

A R B R E
C O R N E
M A S S A G E
W O L O F
H E N N E
A T L A S
H U I L E
M I E L
A R G A N

R E S I N E
H A M M A M
E N C E N S
K A R I T E
B A O B A B

Le mot à trouver est : **Boswella Sacra**.

43 LES DESSOUS DE L'ENCENS

1•b. Sa naissance coïncide avec l'apparition des premières grandes civilisations africaines.

2•c. C'est aussi le nom de l'huile essentielle d'arbre à encens qui a de nombreux bienfaits.

3•c. Ces substances sont les ingrédients à partir duquel le kyphi était fabriqué.

4•a., b., d., g. h. et j.

5•c. et e. Certains représentants de notre espèce peuvent avoir un odorat plus développé que les animaux.

44 L'ÉNIGME DE LA BEAUTÉ

Prénom	Soin	Ancienneté
Marie	karité	2 mois
Inaya	Écorce de marula	5 mois
Saraï	Huile de baobab	10 mois
Kayla	Argile de kaolin	7 mois

45 LES INGRÉDIENTS DU HAMMAM

1•e. Cette huile a également des propriétés incroyables pour les cheveux comme les réparer en profondeur.

2•c. Ce savon prépare la peau à l'exfoliation en la purifiant.

3•b. Cette argile absorbe les impuretés pour redonner à la peau tout son éclat.

4•d. Utilisez également cette eau après vous être lavé le visage pour éliminer les résidus calcaires de l'eau non minérale.

5•a. C'est également une teinture naturelle pour les cheveux. Mais attention aux pigments très forts.

46 LA DOUCEUR DE LA BEAUTÉ

Beurre de karité (Bird-E-Car-Hit-Haie)

47 LES MÉANDRES DE LA SABLOTHÉRAPIE

48 LA SAGESSE DES ANCIENS

Le but de notre voyage, de notre quête est de parvenir à percer le mystère des choses de la vie.

A = 6, B = 19, C = 15, D = 12, E = 5, F = 7, G = 24, H = 14, I = 4, J = 26, K = 16, L = 11, M = 10, N = 3, O = 21, P = 23, Q = 20, R = 1, S = 9, T = 2, U = 17, V = 18, W = 13, X = 22, Y = 8, Z = 25

49 LE RÉBUS PARFUMÉ

Oliban (Eau-lit-banc)

PETITS BONHEURS D'AMÉRIQUE DU SUD

50 LES BIENFAITS DES ANCÊTRES

Ayahuasca (Aie-Ah-Hua-Ska). C'est une décoction traditionnelle dont la composition peut varier. On lui prête des vertus magiques, curatives et purificatrices.

51 LE VRAI OU FAUX DE LA FUMIGATION

1 • Faux. Elle se pratique aussi dans le cadre de cérémonies spirituelles.

2 • Vrai. Les colons souhaitaient imposer leurs propres traditions.

3 • Faux. Les herbes sont brûlées dans une coquille d'ormeau, aussi appelé haliotide ou abalone en anglais.

4 • Faux. La fumée symbolise l'air.

5 • Vrai. Les chamans sont les personnes qui conduisent les rites.

6 • Vrai. Leur rapport à la fumée vient aussi de Xiquiripat, le dieu qui faisait voyager les âmes des défunts sous forme de fumée.

7 • Faux. Ce sont le palo santo et le copal.

52 LE SMUDGING SUR LA GRILLE

	I	II	III	IV	V	VI	VII	VIII	IX	X	XI	XII	XIII
1	P	U	R	I	F	I	C	A	T	I	O	N	S
2	A	N	I	M	E	R	A		R	O	U	E	E
3	C	O	M	B	U	S	T	I	O	N		U	V
4	H		E	U	F		A		P	I	S	T	E
5	A	I	R	S		P	L	A	I	S	I	R	S
6	M		A		E	C	O	R	C	E		A	
7	A	H		L			G		A		I	L	S
8	M	E	D	I	C	I	N	A	L	E		I	A
9	A	R	B	U	S	T	E			M	U	S	C
10		B		R				M		U	S	E	R
11	C	E	R	E	M	O	N	I	E	S		R	E

53 LE DIEU TOLTÈQUE

SOLUTIONS

54 LE TE-MATHS-ZCAL

Il faut partir du plus petit multiple commun des deux calendrier et le diviser par le nombre de jours dans chacun des calendriers pour trouver en combien d'années ils se rejoignent.
Cela donne le calcul suivant :
18 980 ÷ 365 = 52
18 980 ÷260 = 73
Donc 52 années maya sont équivalentes à 73 années lunaires. Il faut donc 52 années solaires.

Le temazcal dure donc 52 minutes.
Il y a 4 divinités, la porte de la hutte est donc ouverte 4 fois régulièrement sur les 52 minutes.
$\frac{52}{4} = 13$
Il y a 13 minutes entre chaque ouverture de porte ce qui implique qu'il y ait 13 pierres.

55 LE QUIZCAO

1 •a., c. et d. On prête de nombreuses vertus à la cérémonie du cacao, la plante est considérée comme sacrée dans plusieurs cultures.

2•d. Le nom de l'arbre, quant à lui, signifie « nourriture des dieux »

3 •b. Les sources divergent sur le lieu de la première utilisation du cacao.

4 •a. On prête donc au cacao un pouvoir très fort, comme pour un dieu.

5 •c. Le goût du cacao de cérémonie est très loin du goût du chocolat au lait consommé dans nos civilisations actuelles.

5 •a., b., c., e., g. et i. Tous ces bienfaits sont dus à la présence de théobromine, un ingrédient qui est également utilisé en médecine.

56 L'ÉNIGME MYSTIQUE

Prénom	Ville	Rituel	Durée
Élise	Belém	Massage	12 jours
Violaine	Machu Picchu	Sanctuaire	7 jours
Daniel	Teothuacan	Temazcal	9 jours
Marina	Quito	Purification	10 jours
Malek	Tijuana	Cacao	15 jours

57 LE MASSAGE EMMÊLÉ

1 • RESUMA -> MASSEUR
2 • MINAS -> MAINS
3 • AMANITES -> AIMANTES
4 • INGEREE -> ÉNERGIE
5 • FORCERONT -> RECONFORT
6 • GLAISES -> LISSAGE
7 • SEPARAI -> APAISER
8 • RENDRAI -> DRAINER

58 LES CONNAISSANCES ANTIQUES

Du ciel l'être supreme envoie les douces fleurs qui chassent notre amertume.

A = 24, C =23, D = 6, E = 4, F = 10, G = 24, H = 15, I = 12, L = 1, M = 22, N = 9, O = 16, P = 7, Q = 3, R = 2, S = 5, T = 14, U = 19, V = 13

59 LE LABYRINTHE MAYA

PETITS BONHEURS D'HAWAÏ

60 QUAND HAWAÏ S'EMMÊLE

M	E	M	O	I	R	E	R	D	R	O	R
L	E	S	R	E	V	I	N	U	H	E	E
I	D	T	P	O	R	R	E	F	S	L	Y
N	I	A	H	E	U	T	S	P	A	E	O
T	R	U	P	O	A	O	O	C	P	N	T
E	R	E	M	E	D	N	H	I	O	N	T
R	L	A	R	T	S	E	C	N	A	E	E
I	N	C	O	A	R	R	P	O	S	I	N
E	I	V	B	D	E	S	O	L	E	A	X
U	E	L	U	M	R	O	F	N	N	W	I
R	E	C	I	T	E	R	A	I	S	A	A
O	E	I	H	P	O	S	O	L	I	H	P

Le mot à trouver est : **Ho'ponopono**.

61 LE LEXIQUE EN CHARADE

Le Kahuna (Ca + Une + A) est le praticien qui va rééquilibrer les énergies à l'aide d'un massage et de prières.

62 LES PRINCIPES DIVISÉS

1•b. La réalité physique est une création de notre mental.

2•f. Une pensée de ressentiment et de colère va créer une réalité de ressentiment et de colère.

3•d. Si nos pensées sont parfaites elles créent une réalité juste et bienveillante.

4•d. Nous sommes responsables à 100 % de notre réalité

5•g. Tout est à l'intérieur car tout existe en pensée dans notre mental.

6•c. Nous sommes le créateur de notre réalité, nous pouvons donc influer dessus en changeant notre mental.

7•e. La paix commence à l'intérieur de soi.

64 QUELQUES GOUTTES D'ESPRIT POSITIF

La vie n'est pas d'attendre que les orages passent mais d'apprendre à danser sous la pluie.

65 DES TORTUES ET DES HOMMES

S'il y a 10 têtes, c'est qu'il y a 10 êtres, tortues et hommes confondus. Ces êtres ont tous au moins deux pieds puisque les hommes en ont 2 et les tortues 4. 10 x 2 = 20.
Il reste donc 14 pieds à attribuer, soit 7 paires.
Il y a donc 7 tortues. 10 - 7 = 3. Il y a donc 3 hommes.

SOLUTIONS

65 L'APPEL DU BONHEUR

Aloha (Allo + A) est un moyen de témoigner son affection, c'est aussi le fait de réaliser les choses avec amour. C'est à la fois une salutation et une philosophie.

66 LA TORTUE HONU

67 L'ORIGINE DE LA VIE

Lao Nalani (La-haut + Na + Là + Ni) s'ouvre dans le cœur du Kahuna lorsqu'il l'invoque pour prodiguer son massage.

PETITS BONHEURS DE CHINE

68 LE FENG SHUI INCOMPLET

Le feng shui est un art ancestral chinois qui fut longtemps réservé à la famille impériale. Si la traduction littéraire en est « eau et vent », elle fait avant tout référence au lien entre le ciel et la terre. Riche de codes, de principes et d'un langage qui lui sont propres, il est surtout connu en Occident pour ses recommandations en matière d'agencement, de placement du mobilier dans la maison. Il a cependant une forte dimension technique : il vise à faire le pont entre habitat et habitant, et les experts le pratiquant sont souvent appelés « les thérapeutes de la maison ».

69 UNE ROCHE POUR CHAQUE SOUCI

1 • DIOPTRE -> PÉRIDOT
2 • RAGENT -> GRENAT ou ARGENT
3 • BRAME -> AMBRE
4 • DIASTOLE -> SODALITE
5 • MIAULERONT -> TOURMALINE
6 • SUBIR -> RUBIS
7 • POÊLA -> OPALE
8 • CRÂNE -> NACRE
9 • SEGMENTAI -> MAGNÉSITE
10 • CLAIRONNE -> CORNALINE

70 LES BONS MÉRIDIENS

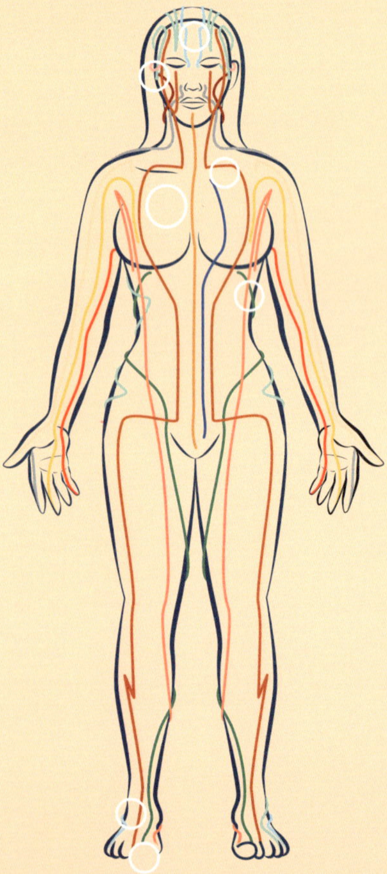

71 LE CYCLE DES 5 ÉLÉMENTS

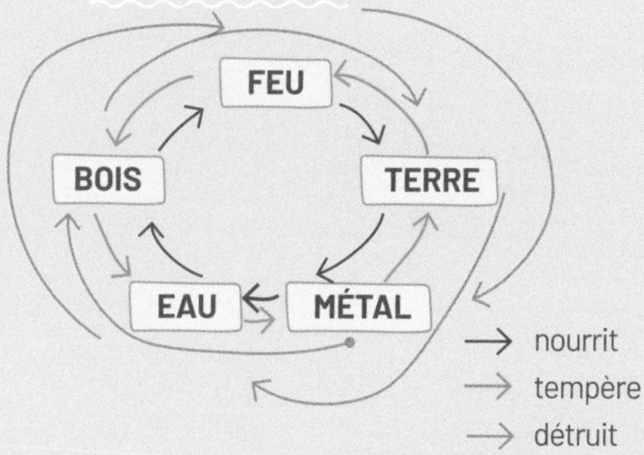

72 LA PIERRE DE TROP

L'intruse est l'agate zeblouz, qui n'existe pas bien qu'elle sonne comme « I've got the blues ».

73 LA FUMÉE CHINOISE

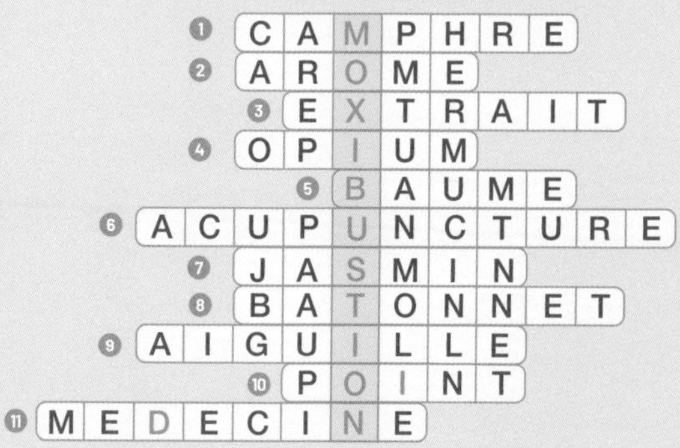

Le mot à trouver est : **Moxibustion**.

74 LE VRAI OU FAUX DU FENG SHUI

1 • Faux. Ils sont complémentaires, l'un symbolise la lune, la nuit, l'intériorité et le principe féminin, lorsque l'autre est le soleil, le jour, l'extériorité et le principe masculin.

2 • Vrai. Le qi circule dans tout le corps et est en perpétuel changement.

3• Vrai. Il est important de laisser le chi circuler librement.

4 • Faux. C'est la tortue.

5 • Vrai. Ces 9 zones correspondent à Argent, Réputation, Amour & relations humaines, Famille, Santé (ou Tao), Enfants & projets, Sagesse (ou connaissance), Carrière et Aide extérieure.

6 • Vrai. La sauge blanche est la plante traditionnelle pour la purification des espaces. Mais attention à toujours la faire brûler avec les fenêtres ouvertes.

7 • Faux. Ce sont les bols chantants tibétains, sur lequel on fait tourner un maillet.

75 LE CONSEIL EN DÉSORDRE

Prends soin de ton corps pour que ton âme ait envie de l'habiter.

76 LA MÉDECINE TRADITIONNELLE CHINOISE DANS TOUS SES ÉTATS

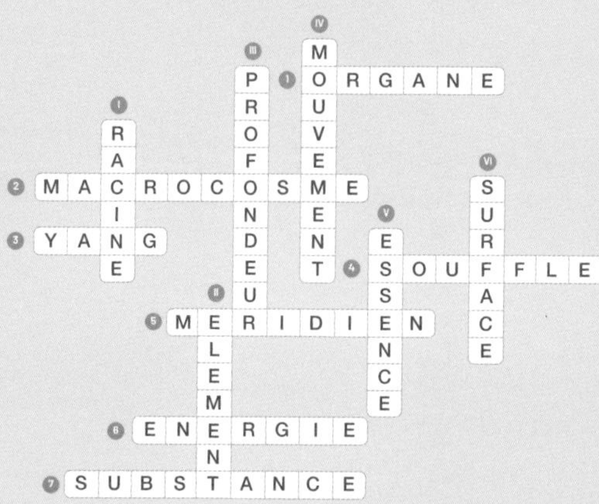

7/9, rue Saint-Germain l'Auxerrois - 75001 Paris

Direction de publication : Didier Ballot
Direction éditoriale : Marie Roussos
Responsable éditoriale : Séverine Pedan
Édition : Thaïs Blocus
Correction : Barbara Laurent
Création graphique : Hermine Blanquart
Mise en pages et adaptation graphique : Hermine Blanquart
Illustrations : © Shutterstock
Suivi de fabrication : Mazarine Networks

ISBN : 978-2-38355-605-3
Dépôt légal : juin 2024
Achevé d'imprimer en mai 2024 en Espagne par Mazarine Networks